No. 1

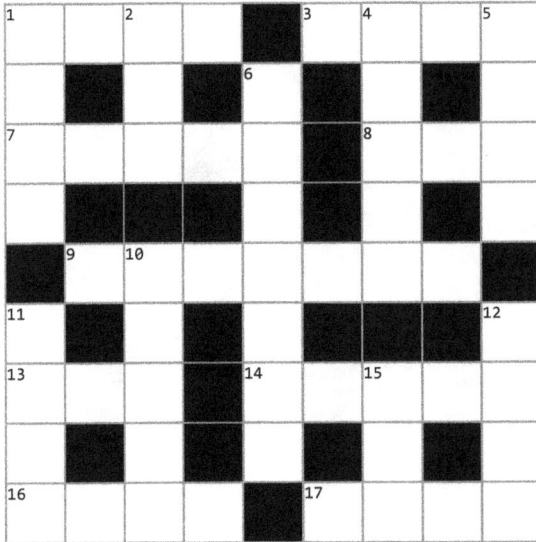

Horizontal

1. pur
3. baiser
7. lois
8. jour, journée
9. marier
   se marier
13. au moyen de, afin de,
14. voitures
16. elle
17. dommage, dégât

Vertical

1. cheveux
2. roi
4. en deux *(2,3)*
5. vagues
6. échapper
10. avril
11. à pied *(1,3)*
12. ceci, celui-ci
15. tante

No. 2

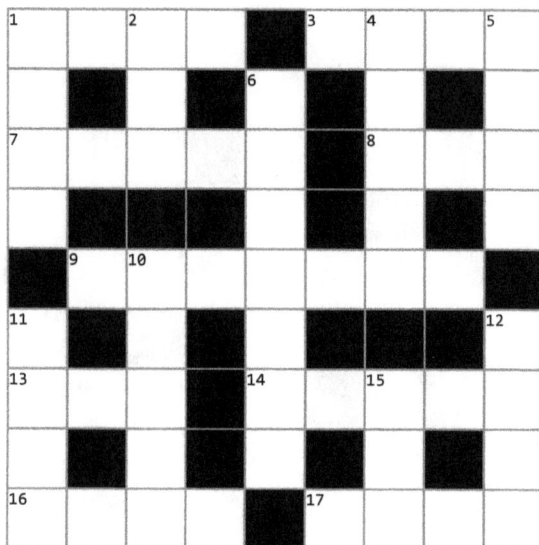

Horizontal

1. comment
3. chat
7. poires
8. ce
9. général
13. ce, cette
14. aiguille
16. odeur
17. *(il, elle)* sort
    (vous) sortez

Vertical

1. coupe, verre à pied
2. mer
4. abeille
5. yeux
6. attendre
   espérer
10. janvier
11. mais
12. navire
15. raisin

Lexis Rex
Mots Croisés Espagnols
Niveau 1, Volume 1

Soyez les bienvenus avec les mots croisés espagnols de Lexis Rex, ils ont été spécialement créés pour les débutants et les intermédiaires en langue espagnol.

Ce volume comprend 125 mots croisés avec les réponses en espagnol et les indices en français comme cela vous pouvez tester votre niveau en espagnol. Nous avons sélectionné ces mots parmi les plus communs de la langue espagnole ; il y a donc des mots importants à connaitre afin de bien maitriser l'espagnol.

Quelques détails concernant les indices : Pour le temps des verbes, nous avons limité les modes à l'indicatif et au conditionnel. Vous trouverez aussi le participe présent et le participe passé. Il y a aussi des expressions espagnoles courantes (l'indice montrera le nombre de lettres présentes dans chaque mot de l'expression), des expressions plurielles et dans quelques cas l'indice peut nécessiter que la version féminine d'un mot soit soumise.

Nous espérons que vous allez aimer et profiter au maximum de nos mots croisés, c'est un très moyen pour tester vos connaissances en espagnol et découvrir de nouveaux mots.

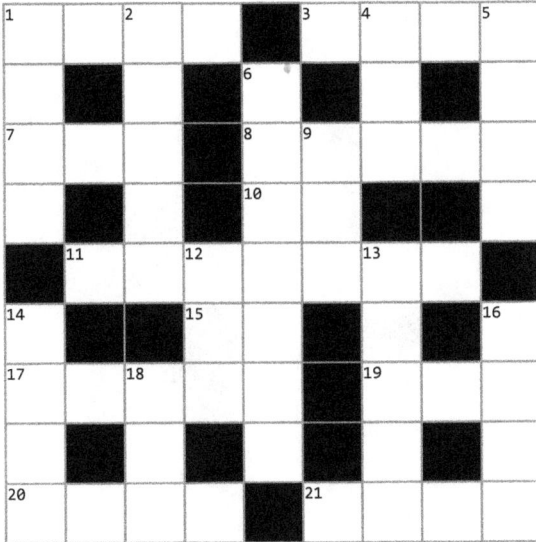

Horizontal

1. quelque chose
3. *(vous)* passez
   (il, elle) passe
7. ongle
8. maintenant
10. *(vous)* allez
    (il) va
11. démon
15. aller
17. vallée
19. un
20. foudre, éclair
    rayon
21. il

Vertical

1. ici
2. considérable, important,
   majeur
4. an, année
5. ailes
6. faveurs
9. *(ils, elles)* ont
12. mille
13. égal
14. à voir *(1,3)*
16. mignon
    singe
18. loi

No. 4

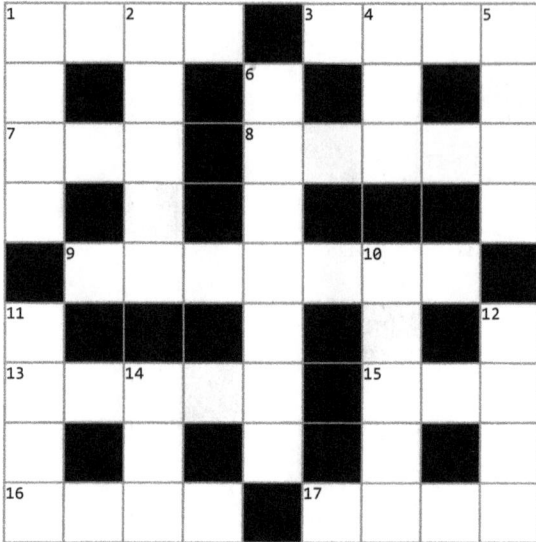

Horizontal

1. lire
3. lac
7. mauvais, méchant
   mal
8. esprit
   intention
9. aspect, apparence
13. aide
15. là, là-bas
16. amour
17. doigt

Vertical

1. vert citron
   lime
2. eux, ils
4. encore, même
   bien que
5. sentir
6. débuter, commencer
10. complet, costume
11. masse, pâte
12. oreille
    ouïe
14. usage

No. 5

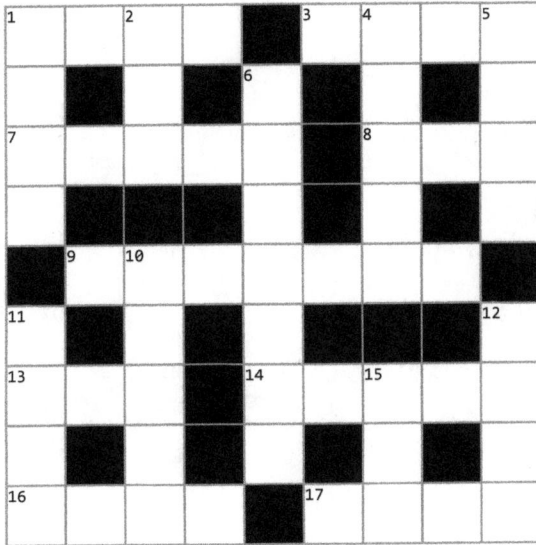

Horizontal
1. vache
3. pays
7. saint
8. même
9. chasseur, braconnier
13. sud
14. *(je)* suis
16. air
17. fleur

Vertical
1. verre
2. avec
4. en bas dessous
5. mais sauf
6. tomates
10. ouvrir
11. île
12. hier
15. tel, telle pareil, pareille

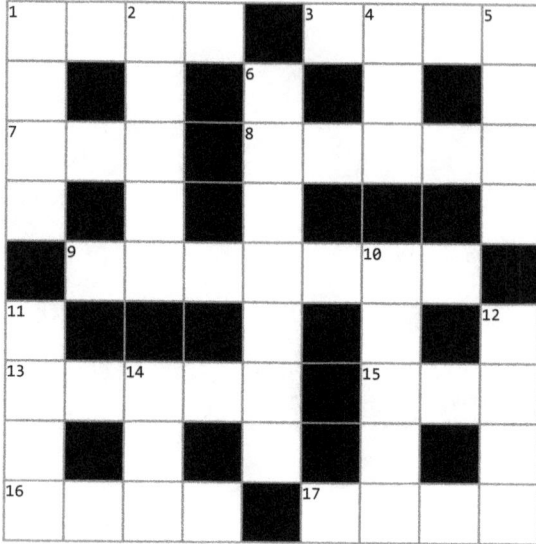

Horizontal

1. ton
3. ours *(pl)*
7. *(ils)* donnent
8. ferry
9. cascade
13. reste
15. *(ils)* sont
16. rien
17. bateau

Vertical

1. tout
2. jamais
4. être
5. à lui
6. affections
10. désir, souhait
11. train
12. onze
14. soif

No. 7

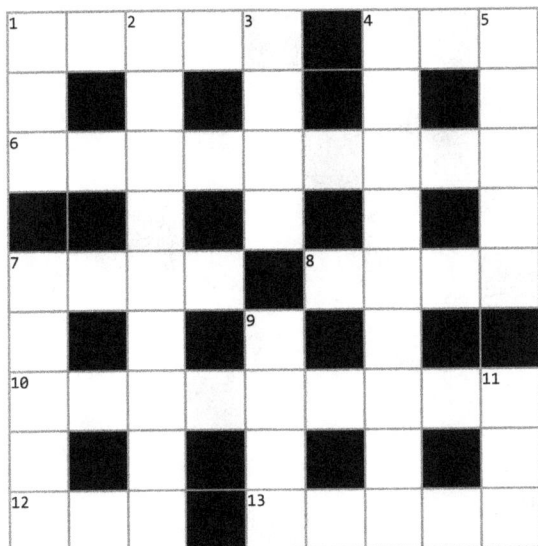

Horizontal
1. murs
4. deux
6. seulement
7. sujet, thème
8. type
10. vestes
12. rivière
13. roses

Vertical
1. plus
2. éclair
3. addition, somme
4. dentistes
5. sol
7. jouer
   toucher
9. fuir
11. son, sa, leur

No. 8

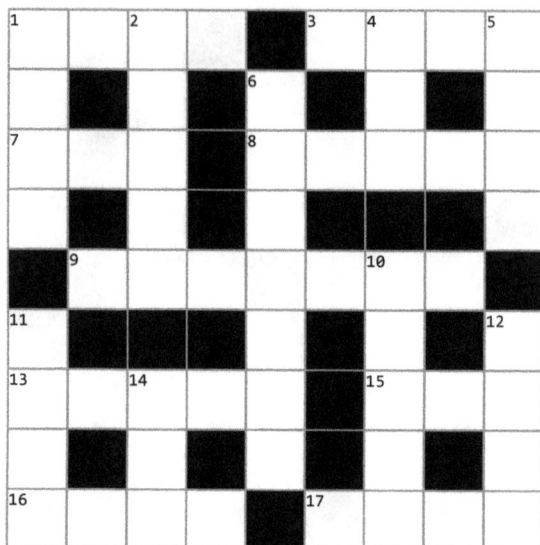

Horizontal

1. sous
3. tir
7. si, tellement
8. clef
9. ensoleillé
13. radio
15. sel
16. autre
17. *(il, elle)* laisse

Vertical

1. robe de chambre
   blouse
2. juin
4. colère
5. c'est-à-dire, soit *(1,3)*
6. au moins, du moins *(2,5)*
10. depuis
11. *(je)* crée
    (je) crois
12. âme
14. donner

No. 9

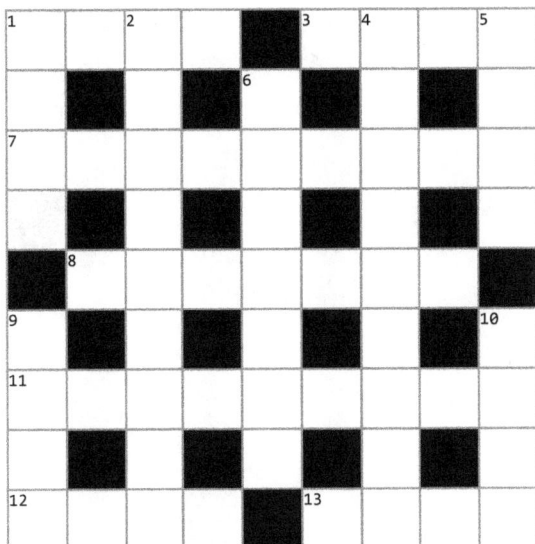

Horizontal

1. pieds
3. *(vous)* êtes
7. nécessité
8. frère
11. autorité
12. âge
13. froid

Vertical

1. peine
2. *(vous)* rencontrez
   (il, elle) rencontre
4. ordinateur
5. soie
6. stupéfaction, ahurissement
9. *(il, elle)* fait
   (vous) faîtes
10. haine
    (je) hais

No. 10

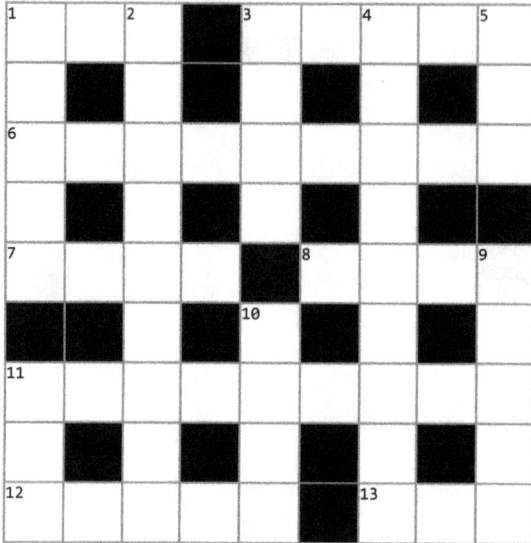

Horizontal

1. oncle
3. vol
6. reconnaître
7. rare
8. bougie
   voile
11. beau-père
12. nager
13. or

Vertical

1. tirer
2. obscurité
3. vain
4. rencontre
   (je) rencontre
5. entendre
9. appui, support
10. tomber
    baisser *(prix)*, se coucher
11. pain

No. 11

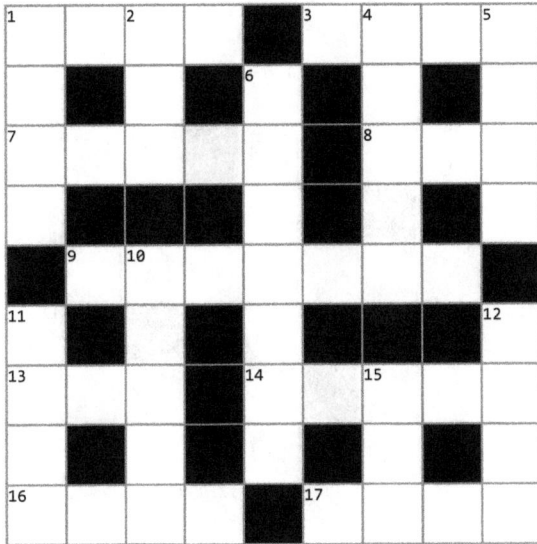

Horizontal

1. crème
3. manière
7. marché
   traitement, relation
8. jour, journée
9. âgée, vieille
13. couple, paire
14. flamme
16. *(vous)* êtes
17. feuille

Vertical

1. note
2. tante
4. ordre
5. vagues
6. possible
10. nord
11. à pied *(1,3)*
12. lit
15. *(j')* aime
    patron, chef

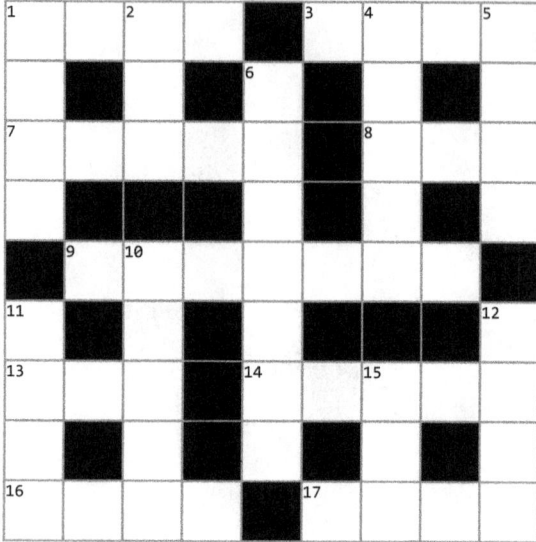

Horizontal

1. salle de classe
3. cassé
7. liste
8. ce
9. antennes
13. ce, cette
14. âmes
16. yeux
17. bouche

Vertical

1. là, là-bas
2. les
4. mouton
5. odeur
6. hanches
10. nouveau
11. cheveux
12. celle-ci, celui-ci
15. à moi

No. 13

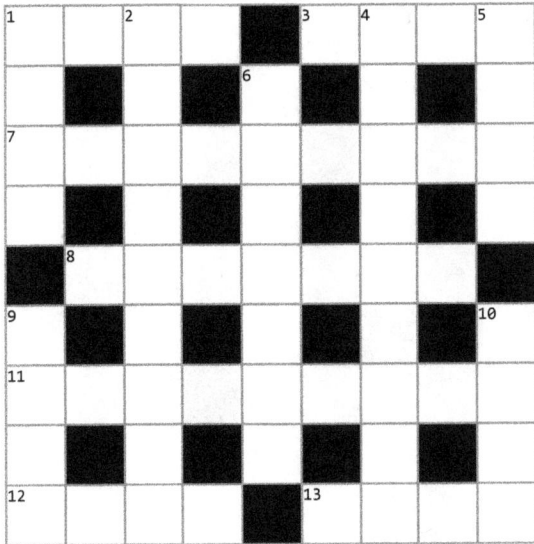

Horizontal
1. miel
3. afin de, pour
7. mixeur
8. quelqu'un
11. réel, vrai, véritable
12. rire
13. art

Vertical
1. mal, mauvais, méchant
2. escaliers
4. claquer
   gifler
5. ailes
6. naturel
9. à voir *(1,3)*
10. *(vous)* mettez

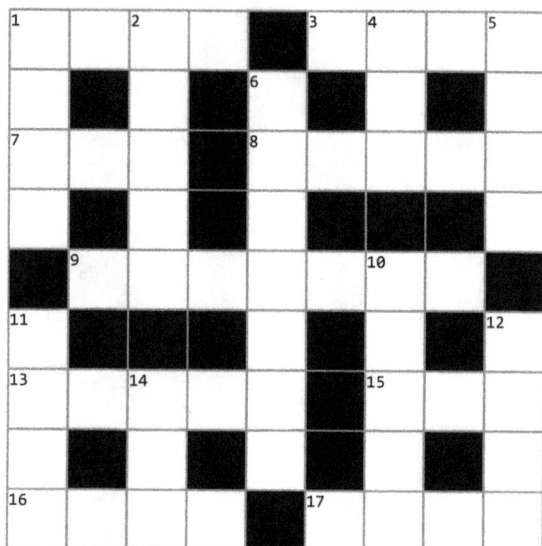

Horizontal

1. haut
3. fumée
7. raisin
8. classe
9. semaines
13. même
15. ainsi, comme cela, donc
16. grenouille
17. rouge

Vertical

1. ici
2. complet, costume
4. ongle
5. sentir
6. océans
10. peut-être
   par chance
11. amour
12. ouïe
   oreille
14. sans

No. 15

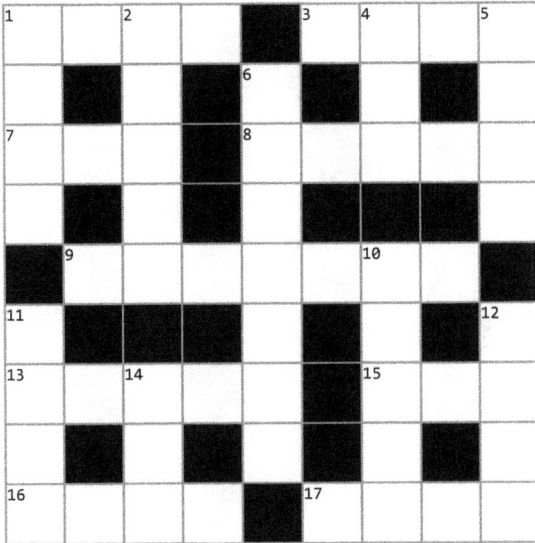

Horizontal

1. mais
3. usages
7. fois, tour
8. avril
9. dos
13. ce
15. mal
mauvais, méchant
16. années
17. ceci, celui-ci

Vertical

1. dindon
2. races
4. sud
5. *(vous)* sortez
(il, elle) sort
6. cheval
10. autre, le reste
11. caisse
boîte, coffre
12. quelque chose
14. un

No. 16

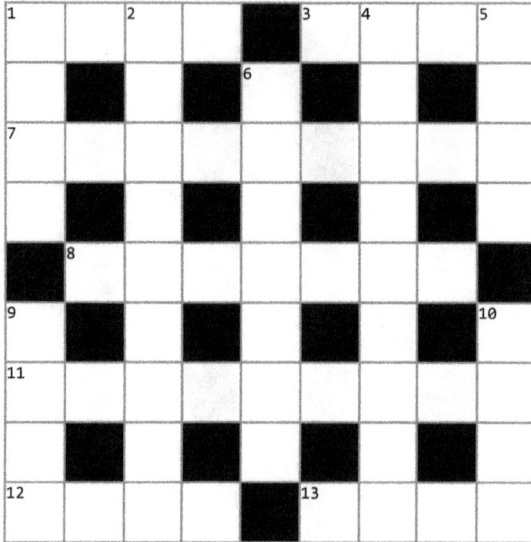

Horizontal
1. ton
3. île
7. trouver
   rencontrer
8. espèce
11. courant
12. ours *(pl)*
13. *(il)* doit

Vertical
1. trois
2. nécessaire
4. serpent
5. air
6. malheureux, malchanceux
9. huit
10. chef

No. 17

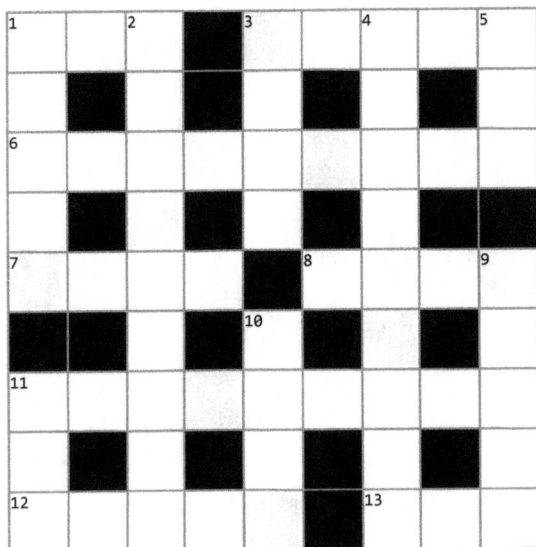

Horizontal
1. deux
3. faire
6. stylo
7. lune
8. lire
11. prisons
12. reste
13. son, sa, leur

Vertical
1. faible
2. silences
3. *(je)* fais
4. cahiers
5. rivière
9. roses
10. sauf
    mais
11. au moyen de, afin de,

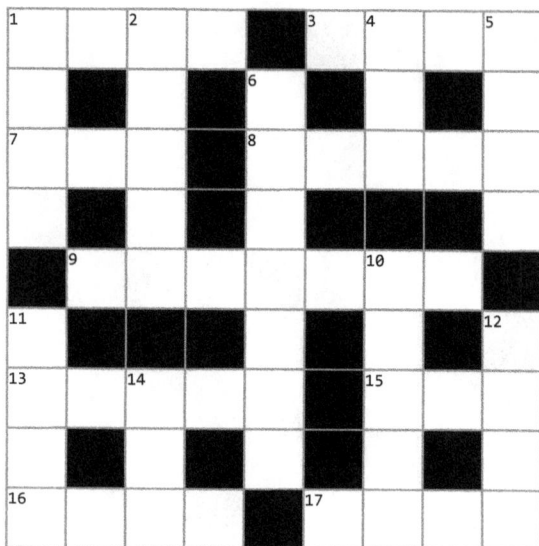

Horizontal

1. bébé
3. *(vous êtes)* venu
   vin
7. sel
8. clef
9. tomates
13. vous
15. *(ils)* donnent
16. elle
17. ceci, celui-ci

Vertical

1. baiser
2. sac, sac à main
4. colère
5. c'est-à-dire, soit *(1,3)*
6. maire
10. en deux *(2,3)*
11. nuage
12. onze
14. pareil, pareille
    tel, telle

No. 19

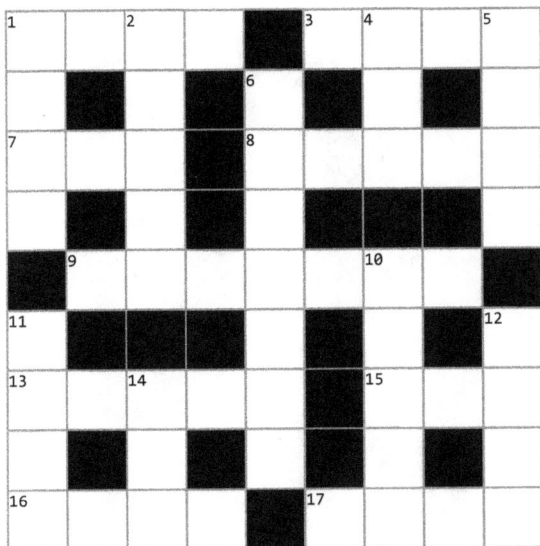

Horizontal
1. type
3. curé, prêtre
   guérison
7. plus
8. voyage
9. arbres
13. cygne
15. si, tellement
16. autre
17. *(vous)* croyez
    (il, elle) croit

Vertical
1. sujet, thème
2. peser
4. une
5. hier
6. avions
10. être
11. acte, action
12. avant, devant
14. être

No. 20

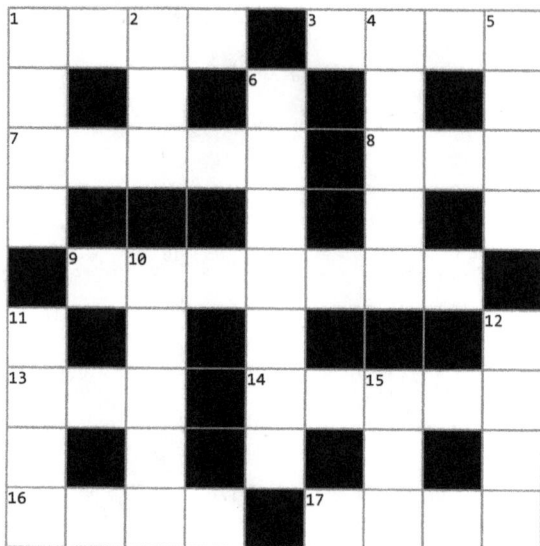

Horizontal

1. pur
3. pays
7. rayons
   foudre, éclairs
8. très
9. impulsion, incitation
13. même
14. niveau
16. âge
17. noces

Vertical

1. poire
2. roi
4. armes
5. à lui
6. coin
10. couverture
11. navire
12. âme
15. (je) vois

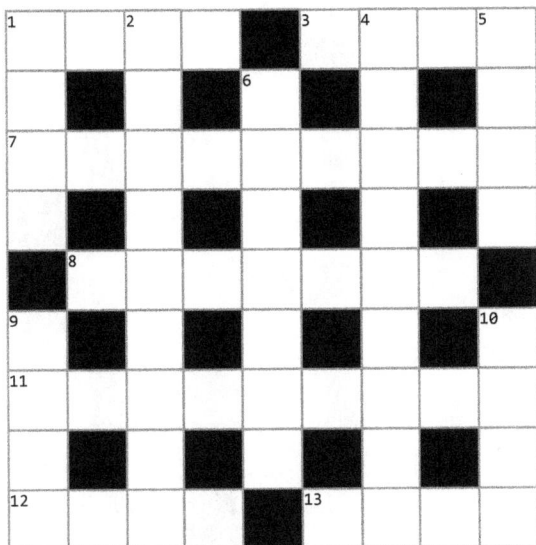

Horizontal

1. diner, souper
3. noix de coco
7. patience
8. stupéfaction, ahurissement
11. ordinateur
12. soie
13. *(je)* hais
    haine

Vertical

1. coupe, verre à pied
2. nécessité
4. obscurité
5. vagues
6. frère
9. *(vous)* êtes
10. *(je)* crée
    (je) crois

No. 22

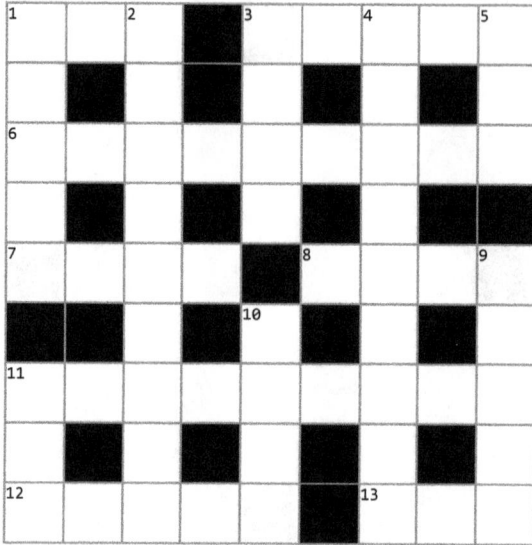

Horizontal

1. mer
3. œuf
6. mépris
   affront
7. odeur
8. voile
   bougie
11. beau-père
12. nord
13. patron, chef
    (j') aime

Vertical

1. demi, moitié
2. répondre
3. heure
4. *(il, elle)* rencontre
   (vous) rencontrez
5. or
9. appui, support
10. *(vous)* faîtes
    (il, elle) fait
11. pain

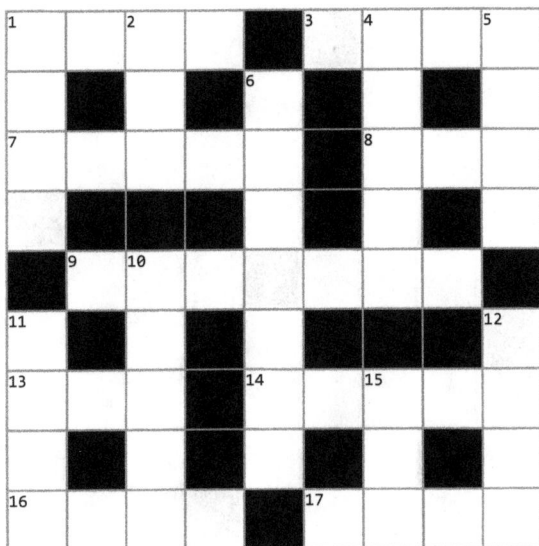

Horizontal

1. fou
3. (vous) savez
   (il, elle) sait
7. esprit
   intention
8. ce, cette
9. antennes
13. (ils) sont
14. radio
16. ailes
17. art

Vertical

1. vert citron
   lime
2. avec
4. abeille
5. (vous) êtes
6. cerveau
10. jamais
11. celle-ci, celui-ci
12. douze
15. donner

No. 24

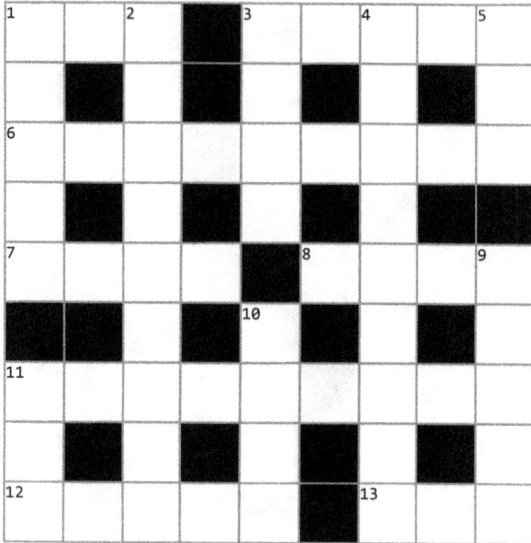

Horizontal

1. jour, journée
3. (ils, elles) sont
6. créatures
7. haut
8. vie
11. aube
12. liste
13. œil

Vertical

1. douche
2. amis
3. (vous) êtes
   (il) est
4. terminé
5. nous
9. en bas
   dessous
10. addition, somme
11. mille

No. 25

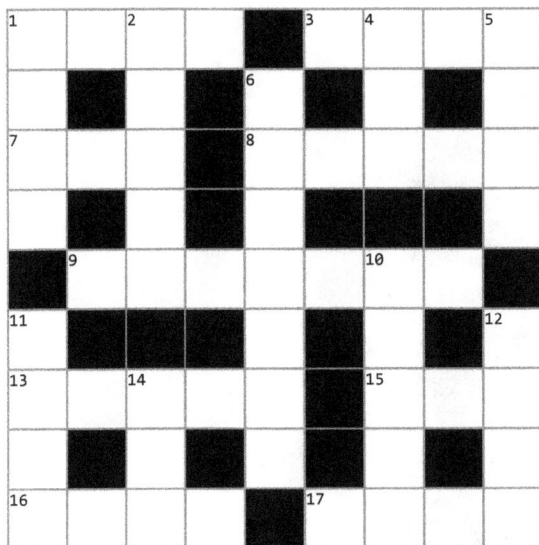

Horizontal

1. raquette
   pelle
3. maison
7. voir
8. gens
9. sourire
13. aiguille
15. ce
16. yeux
17. *(il, elle)* laisse

Vertical

1. dindon
2. longueur
   long
4. bien que
   encore, même
5. à voir *(1,3)*
6. saisir, attraper, prendre
10. sept
11. vain
12. chose
14. un

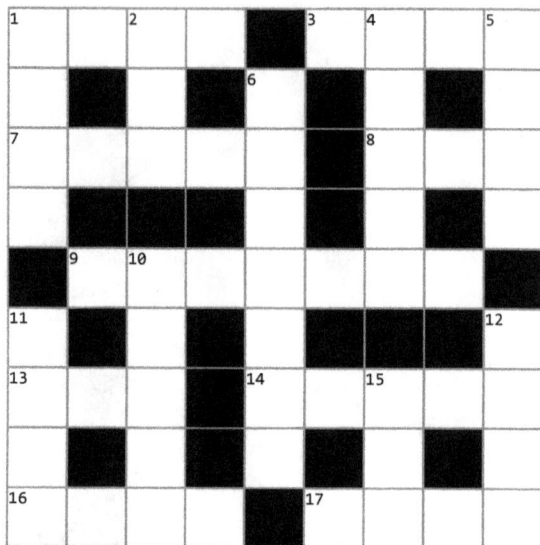

Horizontal

1. *(il, elle)* passe
   (vous) passez
3. à pied *(1,3)*
7. cochon
8. *(vous)* étiez
   (j') étais
9. bols
13. *(il, elle)* allait
   (j') allais
14. manger
16. années
17. ours *(pl)*

Vertical

1. peu
2. sud
4. *(il, elle)* peut
   (vous) pouvez
5. *(ils, elles)* étaient
6. *(je)* connais
10. peut-être
    par chance
11. fille
12. trois
15. mois

No. 27

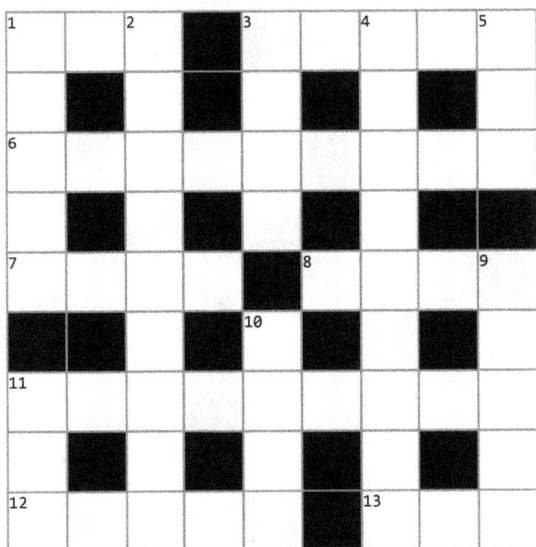

Horizontal

1. les
3. endroit, lieu
6. trouver
   rencontrer
7. air
8. lire
11. projets
12. janvier
13. son, sa, leur

Vertical

1. *(vous)* arrivez
   (il, elle) arrive
2. prêtre
3. mais
   sauf
4. tempête
5. entendre
9. roses
10. zéro
11. pied

No. 28

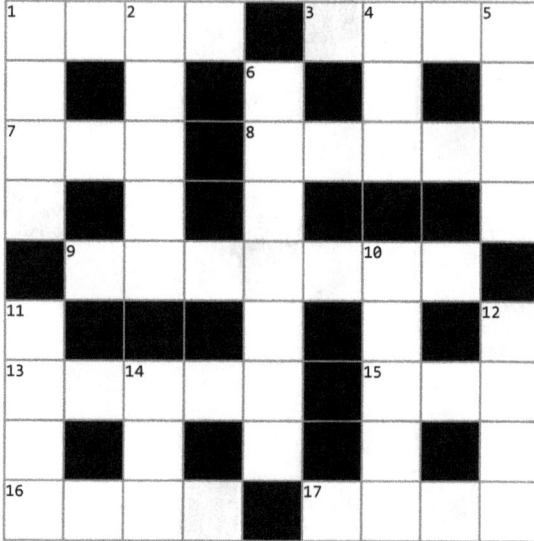

Horizontal

1. race
3. craie
7. sans
8. clair
9. épice
13. vous
15. raisin
16. elle
17. quelque chose

Vertical

1. rire
2. zones
4. colère
5. amour
6. accord, convention
10. égal
11. nuage
12. (je) fais
14. pareil, pareille
tel, telle

No. 29

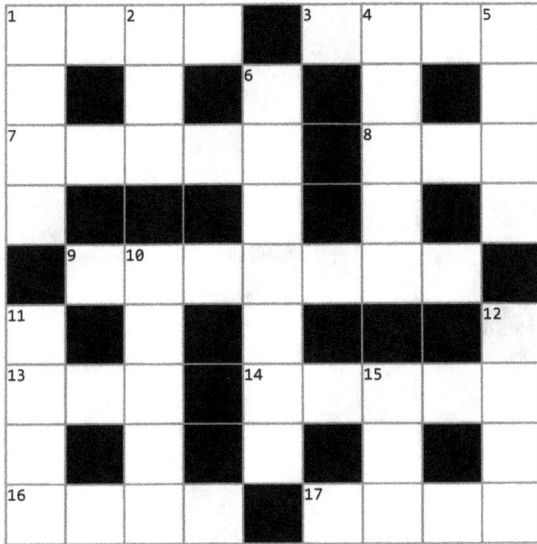

Horizontal

1. *(il, elle)* vit
   (vous) vivez
3. *(ils, elles)* allaient
7. vins
8. soif
9. oublier
13. tante
14. autres
16. c'est-à-dire, soit *(1,3)*
17. bateau

Vertical

1. vif, vivant
   (je) vis
2. *(vous)* allez
   (ils) vont
4. assez
5. rien
6. styles
10. clef
11. autre
12. ceci, celui-ci
15. rivière

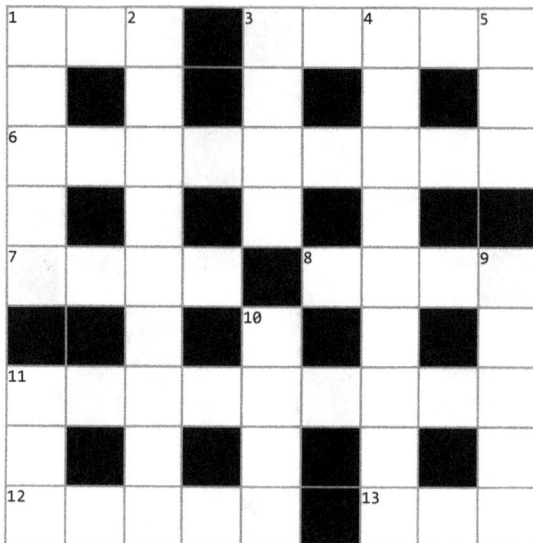

Horizontal

1. voix, cri
3. lunettes
6. continuer
7. huit
8. bouche
11. réel, vrai, véritable
12. doux
13. *(vous)* écoutiez
    (j') écoutais

Vertical

1. vide
2. carotte
3. morne
   gris
4. fruit sec *(5,4)*
5. être
9. maintenant
10. *(vous)* sortez
    (il, elle) sort
11. *(tu)* vas

No. 31

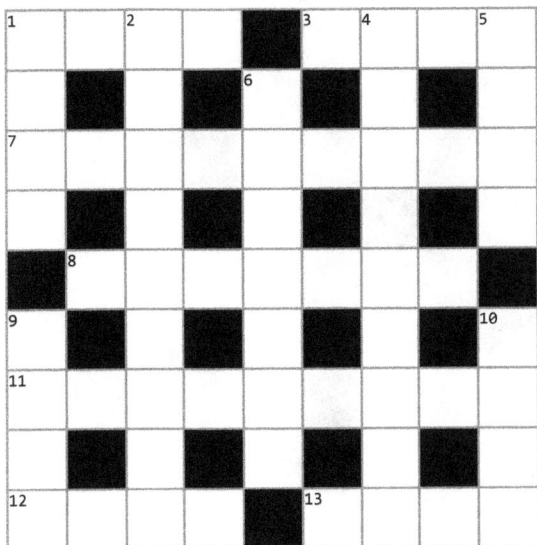

Horizontal

1. dur
3. sec
7. distance
8. femmes
11. moments
12. âge
13. *(vous)* êtes

Vertical

1. doigt
2. réponse
4. *(je)* rencontre
   rencontre
5. vagues
6. chaînes
9. *(vous)* dîtes
   (il, elle) dit
10. usages

No. 32

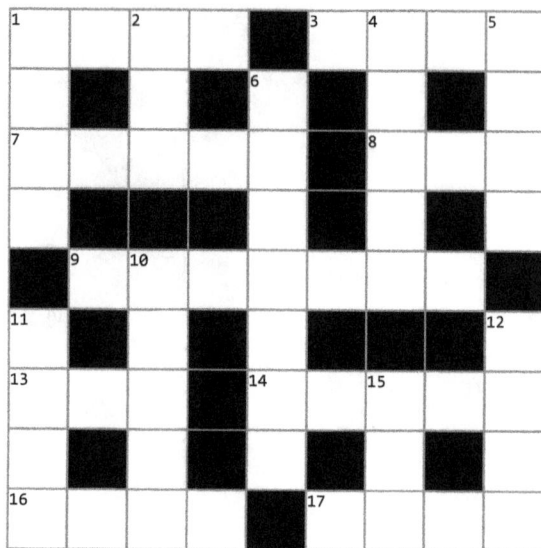

Horizontal

1. visage
3. sujet, thème
7. plus grand, majeur
8. mal
   mauvais, méchant
9. précis
13. les
14. auteur
16. odeur
17. onze

Vertical

1. comment
2. roi
4. de plus *(2,3)*
5. là, là-bas
6. remerciements
10. reste
11. il
12. *(il, elle)* croit
    (vous) croyez
15. si, tellement

No. 33

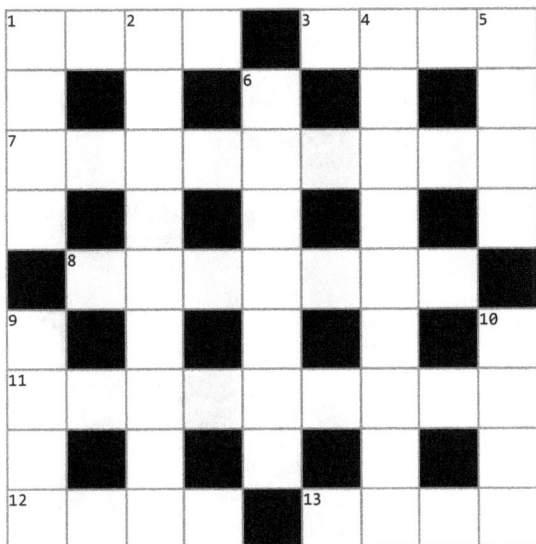

Horizontal

1. mine
3. afin de, pour
7. *(vous)* rencontrez
   (il, elle) rencontre
8. stupéfaction, ahurissement
11. ordinateur
12. oreille
    ouïe
13. haine
    (je) hais

Vertical

1. miel
2. nécessité
4. autorité
5. ailes
6. frère
9. manière
10. *(je)* crée
    (je) crois

No. 34

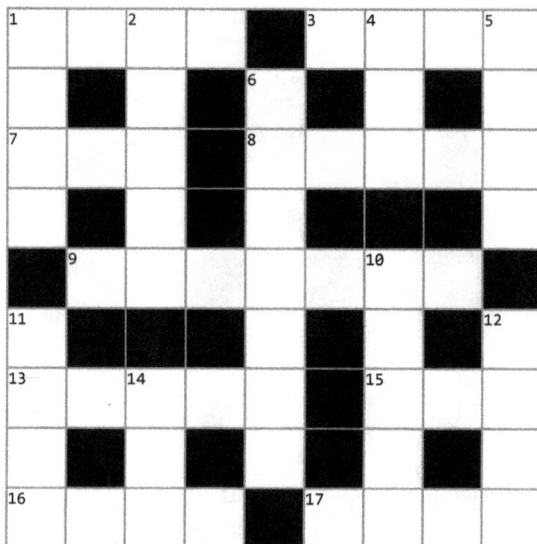

Horizontal

1. *(vous)* donniez
   (je) donnais
3. *(vous)* faîtes
   (il, elle) fait
7. *(ils)* donnent
8. où
9. journée
13. croire
15. avec
16. sentir
17. *(vous)* savez
   (il, elle) sait

Vertical

1. *(il, elle)* doute
   (vous) doutez
2. banc
4. même
5. *(vous)* êtes
6. à l'intérieur, dedans
10. *(vous)* disiez
   (je) disais
11. acte, action
12. avant, devant
14. ce, cette

No. 35

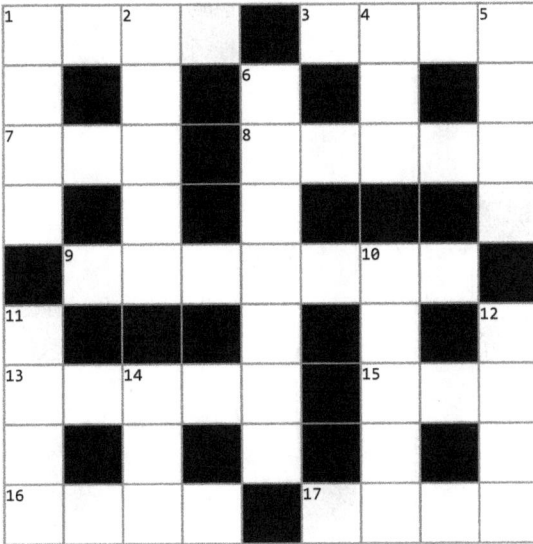

Horizontal

1. fève, haricot
3. tasse
7. mille
8. intention
   esprit
9. ensoleillé
13. arène
    sable
15. loi
16. yeux
17. rire

Vertical

1. fumée
2. sac, sac à main
4. bien que
   encore, même
5. à voir *(1,3)*
6. débuter, commencer
10. doux
    sucré
11. mal, mauvais, méchant
12. hier
14. ce

No. 36

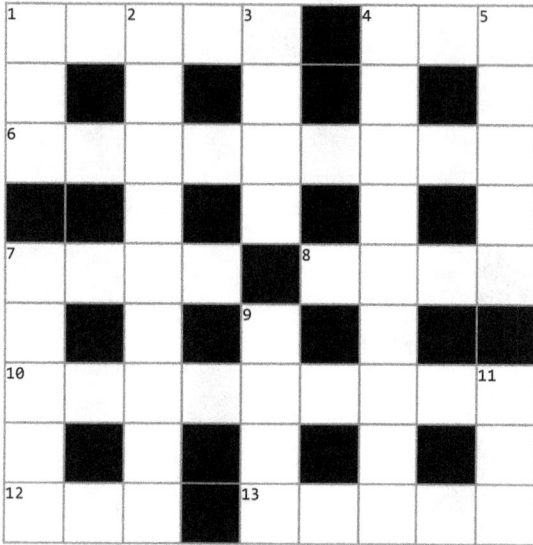

Horizontal

1. tirer
4. pain
6. obscurité
7. tomber
   baisser *(prix)*, se coucher
8. navire
10. belle-mère
12. nous
13. appui, support

Vertical

1. oncle
2. souvenirs
3. rare
4. beau-père
5. personne
7. commun
   courant, ordinaire
9. vache
11. patron, chef
    (j') aime

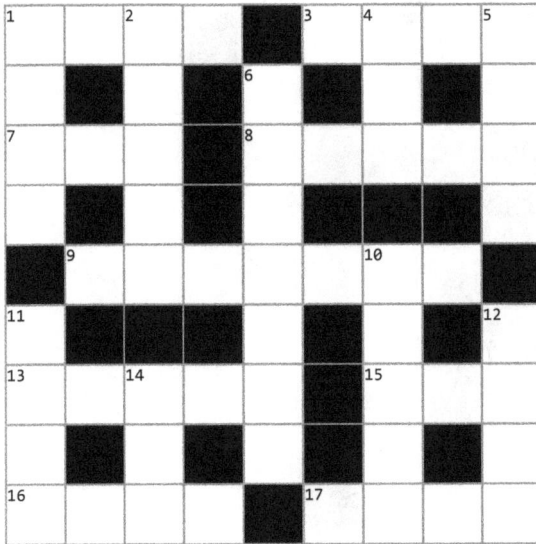

Horizontal

1. blouse
   robe de chambre
3. mai
7. *(ils)* sont
8. globe
9. sourire
13. *(je)* pouvais
    (vous) pouviez
15. donner
16. *(ils, elles)* étaient
17. trois

Vertical

1. baiser
2. *(j')* ai
4. an, année
5. ours *(pl)*
6. saisir, attraper, prendre
10. sueur
11. à pied *(1,3)*
12. après, derrière
14. jour, journée

No. 38

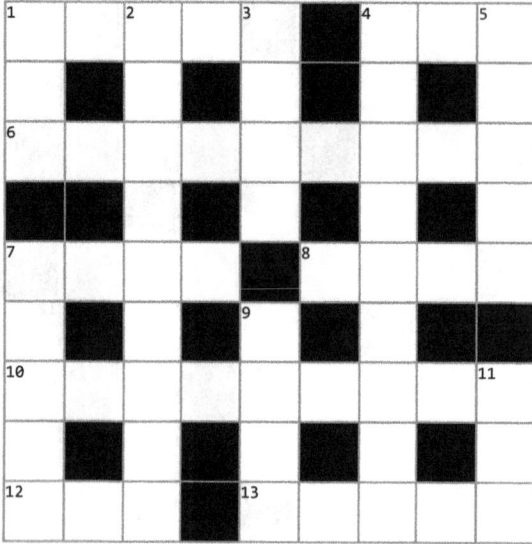

Horizontal

1. couverture
4. pied
6. prêtre
7. passage
   (je) passe
8. *(je)* dois
10. tempête
12. or
13. roses

Vertical

1. plus
2. nécessaire
3. air
4. projets
5. janvier
7. cour
9. lire
11. son, sa, leur

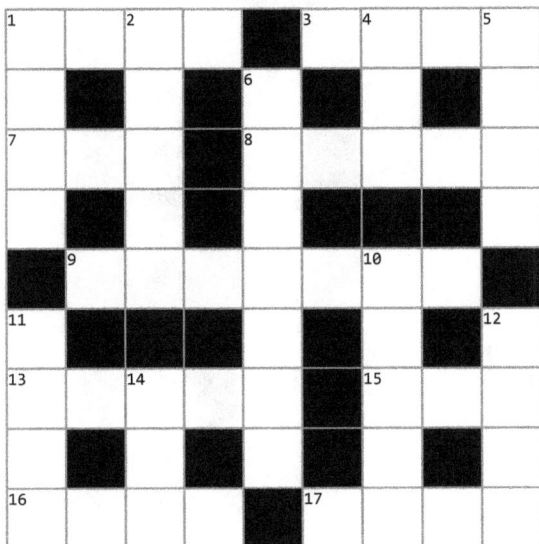

Horizontal

1. seul
3. raisins
7. au moyen de, afin de,
8. bol
9. maisons
13. entre, parmi
15. les
16. salle de classe
17. celle-ci, celui-ci

Vertical

1. soupe
2. longueur
   long
4. fois, tour
5. sauf
   mais
6. une autre fois *(4,3)*
10. eux, ils
11. soie
12. île
14. pareil, pareille
    tel, telle

No. 40

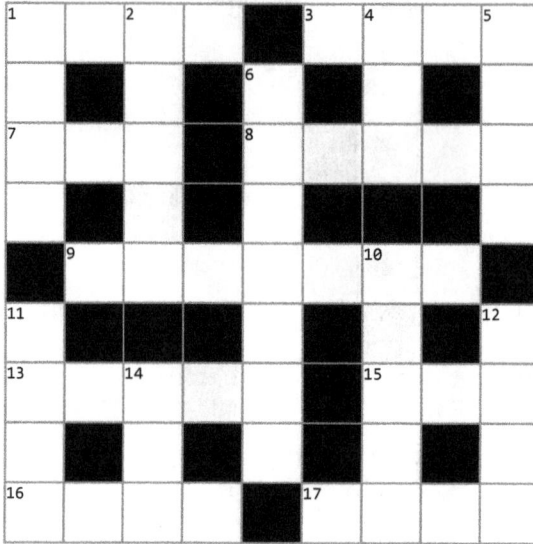

Horizontal

1. vain
3. fuir
7. sans
8. clair
9. mot
13. même
15. (j') étais
    (vous) étiez
16. rayon
    foudre, éclair
17. cape
    couche

Vertical

1. verre
2. jamais
4. ongle
5. rivières
6. océans
10. roue
11. amour
12. (je) tombais
    (je) m'écroulais
14. (je) suis

No. 41

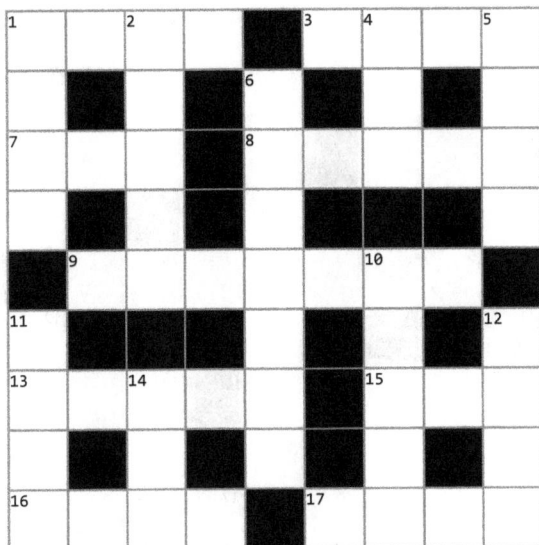

Horizontal
1. café
3. tir
7. couple, paire
8. doux
9. naturel
13. ce
15. un
16. *(ils, elles)* allaient
17. raquette
    pelle

Vertical
1. coupe, verre à pied
2. forme
4. colère
5. c'est-à-dire, soit *(1,3)*
6. école
10. aiguille
11. presque
12. noces
14. une

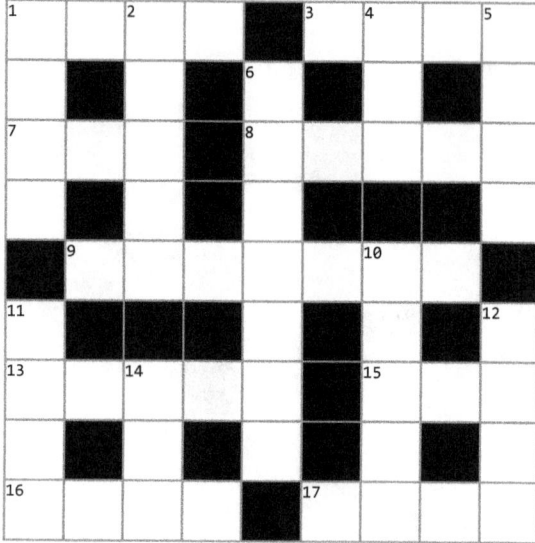

Horizontal

1. curé, prêtre
   guérison
3. *(je)* vis
   vif, vivant
7. soleil
8. flamme
9. exemple
13. champ
15. mois
16. autre
17. art

Vertical

1. maison
2. montre
4. *(il, elle)* allait
   (j') allais
5. vagues
6. étudiants
10. lécher
11. huit
12. ceci, celui-ci
14. mer

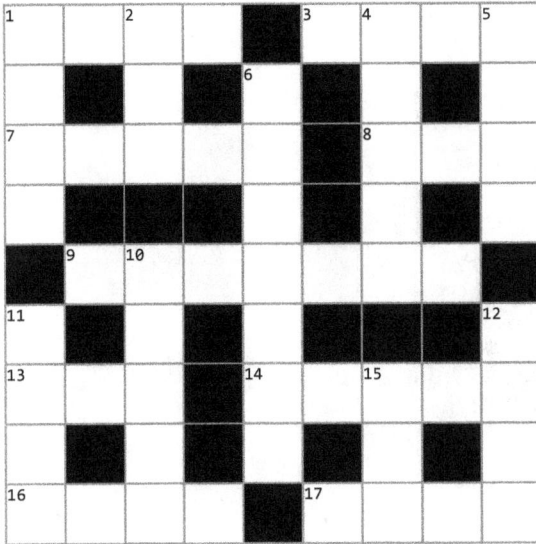

Horizontal

1. rire
3. gris
   morne
7. nord
8. *(je)* donne
9. chasseur, braconnier
13. entendre
14. tousser
16. *(il, elle)* sort
    (vous) sortez
17. haut

Vertical

1. grenouille
2. sud
4. radio
5. à lui
6. devant
10. avril
11. *(vous)* êtes
12. froid
15. sel

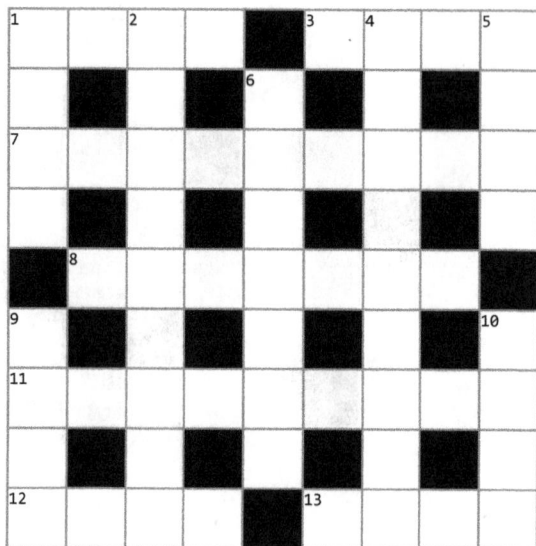

No. 44

1		2		■	3	4		5
	■		■	6	■		■	
7								
	■		■		■		■	
■	8							■
9	■		■		■		■	10
11								
	■		■		■		■	
12				■	13			

Horizontal

1. peine
3. afin de, pour
7. *(il, elle)* rencontre
   (vous) rencontrez
8. stupéfaction, ahurissement
11. ordinateur
12. oreille
    ouïe
13. *(je)* hais
    haine

Vertical

1. peau
2. nécessité
4. autorité
5. ailes
6. frère
9. cassé
10. *(je)* crée
    (je) crois

No. 45

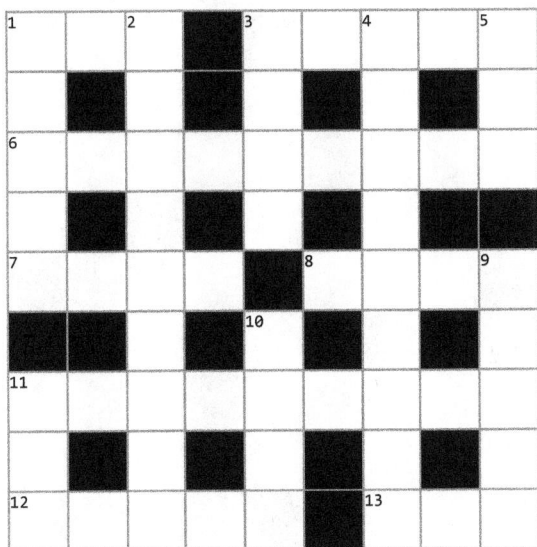

Horizontal

1. deux
3. fait
6. stylo
7. vert citron
   lime
8. lune
11. conducteur
12. nouveau
13. être

Vertical

1. faible
2. seulement
3. (je) fais
4. vestes
5. œil
9. ouvrir
10. voiture
11. avec

No. 46

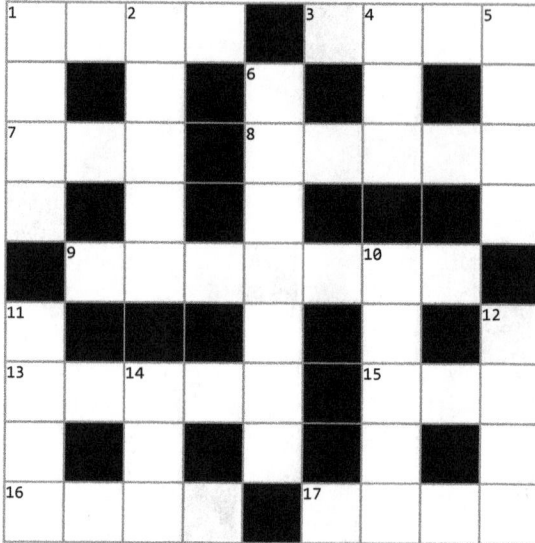

Horizontal

1. yeux
3. fève, haricot
7. ce, cette
8. intention
   esprit
9. charrette
13. de plus *(2,3)*
15. mauvais, méchant
    mal
16. elle
17. renommée, réputation

Vertical

1. sentir
2. mouton
4. encore, même
   bien que
5. hier
6. entreprise
10. tombe
11. *(il)* doit
12. âme
14. mille

No. 47

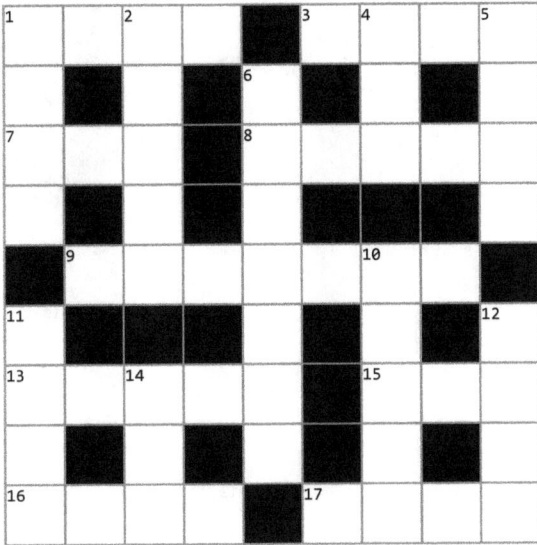

Horizontal
1. pieds
3. douze
7. soif
8. classe
9. épice
13. vous
15. usage
16. odeur
17. quelque chose

Vertical
1. *(vous)* passez
   (il, elle) passe
2. en deux *(2,3)*
4. *(vous)* écoutiez
   (j') écoutais
5. *(vous)* êtes
6. accord, convention
10. égal
11. jus
12. ton
14. oncle

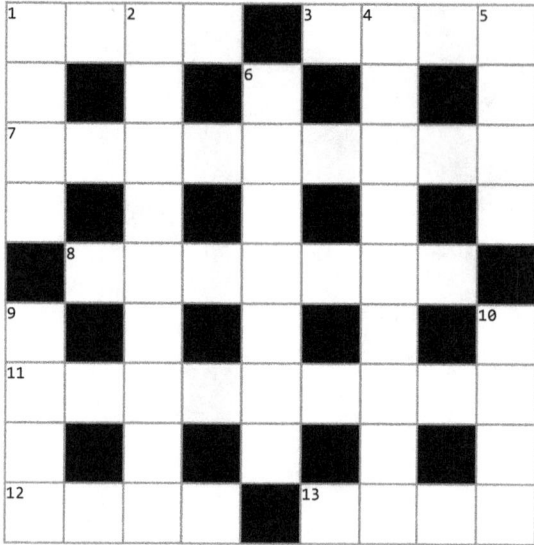

Horizontal

1. miel
3. *(il, elle)* fait
   (vous) faîtes
7. mixeur
8. anges
11. réel, vrai, véritable
12. rare
13. arme

Vertical

1. mal, mauvais, méchant
2. rencontrer
   trouver
4. claquer
   gifler
5. âge
6. chaînes
9. à voir *(1,3)*
10. feuille

No. 49

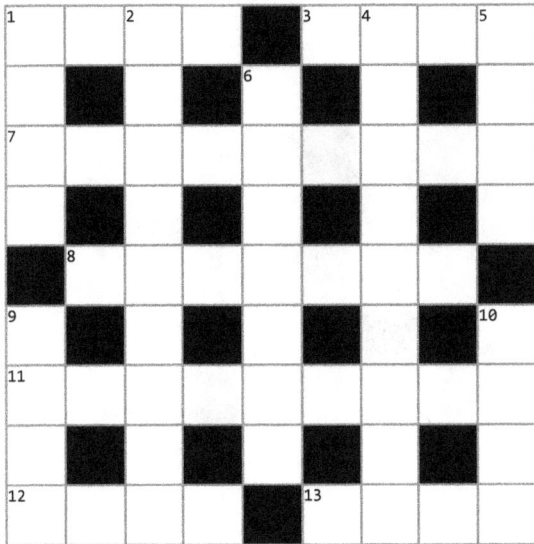

Horizontal

1. visage
3. vache
7. découvrir
8. cher
11. répondre
12. *(ils, elles)* étaient
13. trois

Vertical

1. chaque
2. réponse
4. autours
5. air
6. ports
9. *(il, elle)* croit
   (vous) croyez
10. après, derrière

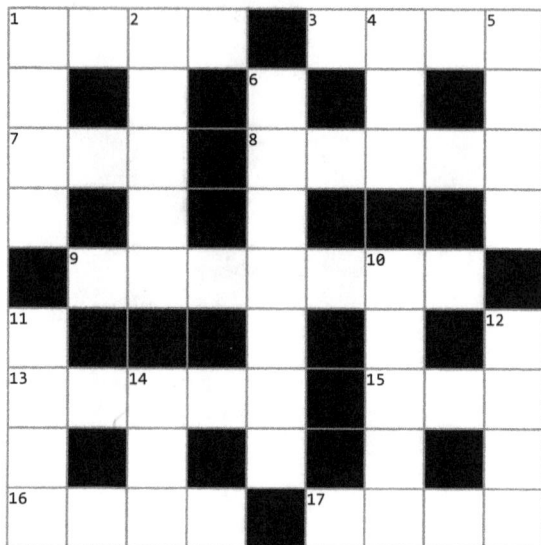

Horizontal

1. *(vous)* donniez
   (je) donnais
3. lac
7. *(ils)* donnent
8. génie
9. sourire
13. arène
    sable
15. les
16. années
17. zone

Vertical

1. doigt
2. banc
4. même
5. ours *(pl)*
6. saisir, attraper, prendre
10. saut
11. crème
12. celle-ci, celui-ci
14. ce

No. 51

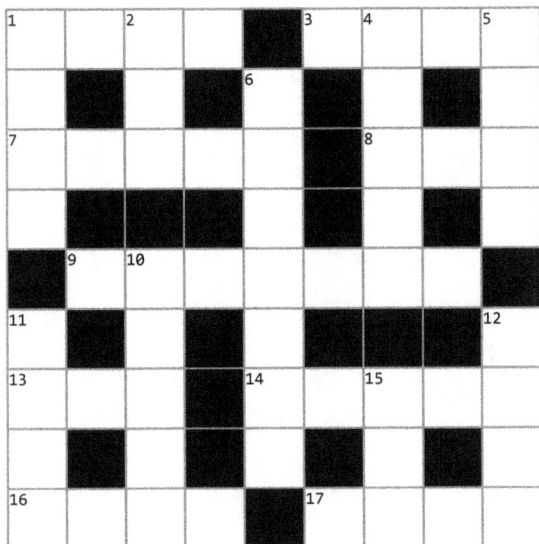

Horizontal

1. *(il, elle)* regarde
   (vous) regardez
3. sujet, thème
7. rayons
   foudre, éclairs
8. tel, telle
   pareil, pareille
9. pression
13. les
14. copine
16. rivières
17. rouge

Vertical

1. mur
2. roi
4. *(il)* entra
5. salle de classe
6. assassin
10. reste
11. fleur
12. côté
15. *(je)* vois

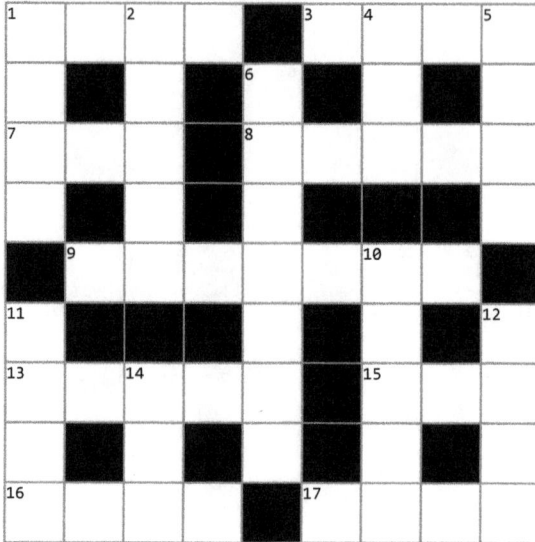

Horizontal

1. juge
3. quel, lequel
7. *(vous)* fûtes
   (vous) allâtes
8. doux
9. klaxons
13. même
15. *(j')* étais
    (vous) étiez
16. rose
17. moment

Vertical

1. chef
2. janvier
4. raisin
5. lire
6. styles
10. abeille
11. amour
12. cas, affaire
14. son, sa, leur

No. 53

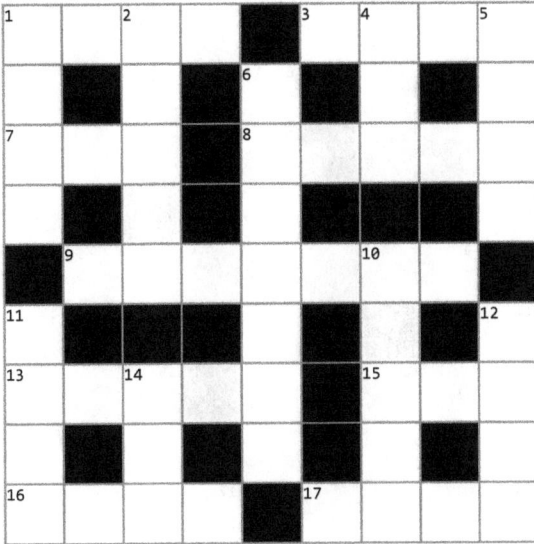

Horizontal

1. jours, journées
3. vin
   (vous êtes) venu
7. *(il a)* donné
8. *(il, elle)* termine, finit
9. rien de plus *(4,3)*
13. aiguille
15. *(il, elle)* allait
    (j') allais
16. *(ils, elles)* allaient
17. *(vous)* mettez

Vertical

1. *(il, elle)* doute
   (vous) doutez
2. maintenant
4. colère
5. vagues
6. patates
10. ambiance
    esprit
11. presque
12. navire
14. ongle

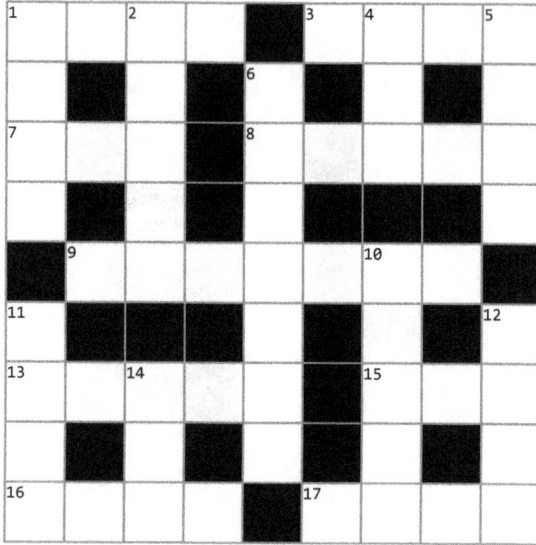

Horizontal

1. noix de coco
3. *(vous)* êtes
7. au moyen de, afin de,
8. moral
9. coin
13. oreilles
    ouïes
15. nous
16. autre
17. tasse

Vertical

1. coupe, verre à pied
2. zéros
4. entendre
5. *(vous)* sortez
   (il, elle) sort
6. impulsion, incitation
10. jamais
11. manière
12. c'est-à-dire, soit *(1,3)*
14. donner

No. 55

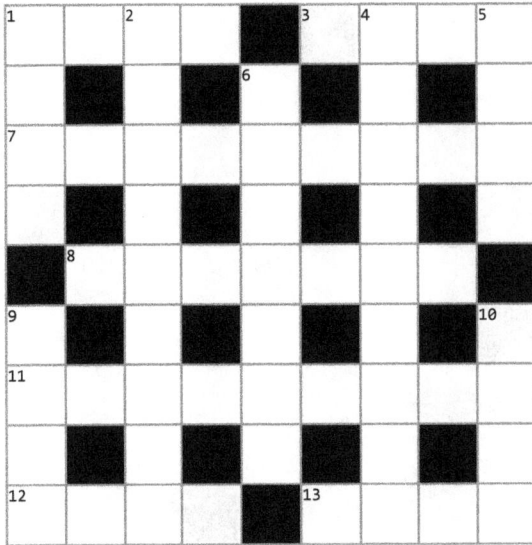

Horizontal

1. soupe
3. seul
7. propriété
8. frère
11. autorité
12. rire
13. *(je)* crée
    (je) crois

Vertical

1. *(il, elle)* savait
2. projets
4. ordinateur
5. ouïe
   oreille
6. toujours
9. baisser *(prix)*, se coucher
   tomber
10. haine
    (je) hais

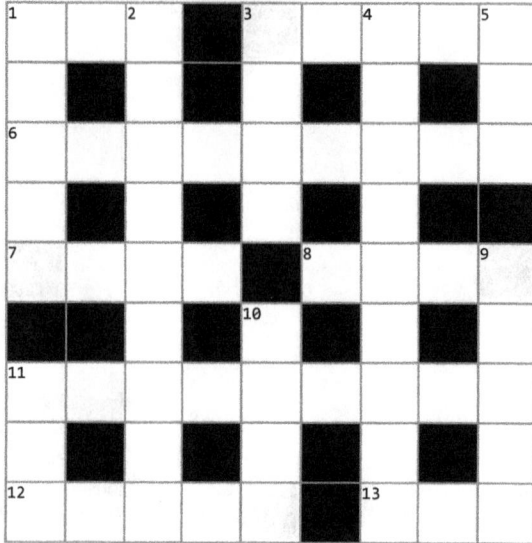

Horizontal

1. poisson
3. cafés
6. conducteur
7. huit
8. eau
11. terminé
12. *(il, elle)* termina
13. or

Vertical

1. poitrine
2. carotte
3. croix
4. photographe
5. être
9. appui, support
10. *(il, elle)* regarda
11. tante

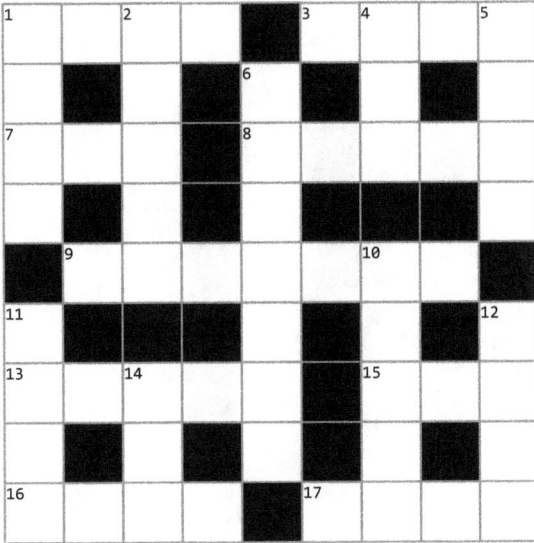

Horizontal

1. bouche
3. (je) fais
7. sud
8. où
9. journée
13. peser
15. si, tellement
16. il
17. ceci, celui-ci

Vertical

1. baiser
2. cours
4. encore, même
   bien que
5. sentir
6. à l'intérieur, dedans
10. données
11. à pied (1,3)
12. onze
14. sel

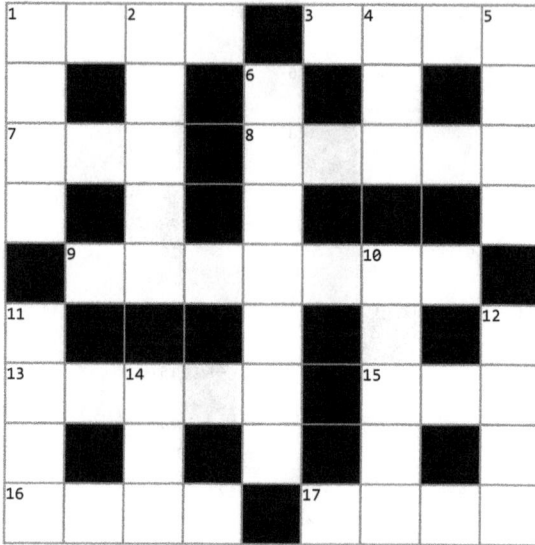

No. 58

1		2		■	3	4		5
	■		■	6	■		■	
7			■	8				
	■		■		■	■		
■	9					10		■
11	■	■	■		■		■	12
13	14				15			
	■	■	■		■		■	
16				■	17			

Horizontal

1. poids
3. bougie
   voile
7. soif
8. grotte
9. triomphe
13. manger
15. une
16. odeur
17. dommage, dégât

Vertical

1. *(vous)* passâtes
   (il) passa
2. sueur
4. ce, cette
5. ailes
6. octobre
10. fruit
11. acte, action
12. canard
14. à moi

No. 59

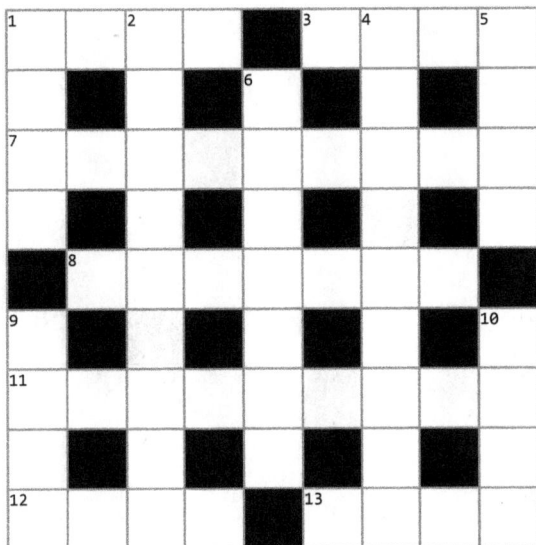

Horizontal

1. rare
3. dindon
7. nécessaire
8. au lieu de, à la place de *(2,3,2)*
11. décembre
12. dur
13. diner, souper

Vertical

1. grenouille
2. reconnaître
4. agréable plaisant
5. yeux
6. vous *(formel)* au pluriel
9. âge
10. table

No. 60

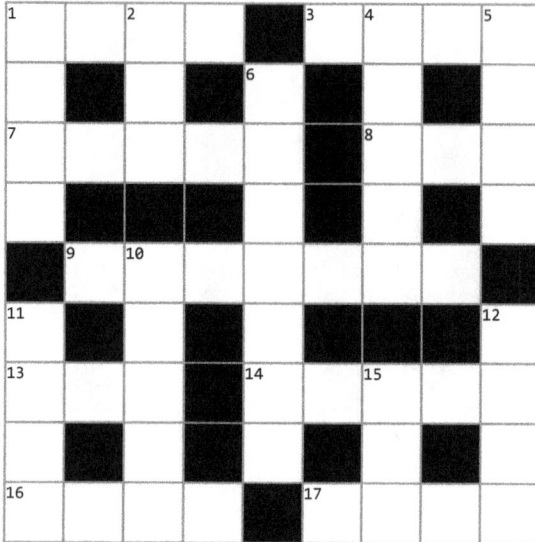

Horizontal

1. canapé
3. usages
7. plus petit, moindre, mineur
8. loi
9. changer
13. *(vous)* écoutiez
   (j') écoutais
14. jeune
16. *(ils, elles)* étaient
17. bateau

Vertical

1. addition, somme
2. but, fin
4. sauce
5. à lui
6. ouvrage
   travail
10. araignée
11. douze
12. avant, devant
15. *(il, elle)* a vu

No. 61

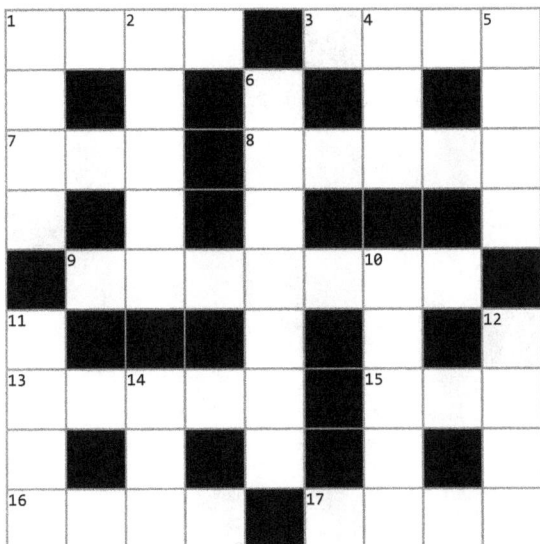

Horizontal

1. train
3. main
7. mal
   mauvais, méchant
8. juin
9. stupéfaction, ahurissement
13. ce
15. mois
16. années
17. celle-ci, celui-ci

Vertical

1. *(il)* prit
2. eux, ils
4. même
5. ours *(pl)*
6. exemple
10. branches
11. robe de chambre
    blouse
12. île
14. un

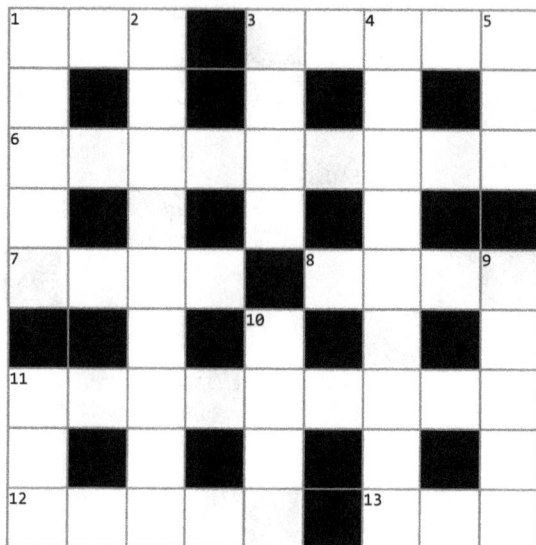

No. 62

1		2		3		4		5
6								
7				8			9	
			10					
11								
12				13				

Horizontal

1. *(je)* fus
   (j') allai
3. facile
6. lavabo
7. à voir *(1,3)*
8. bon
   bien
11. boucle d'oreille
12. reste
13. *(j')* aime
    patron, chef

Vertical

1. jupe
2. hivers
3. renommée, réputation
4. confiance
5. les
9. nouveau
10. *(je)* dis
11. couple, paire

No. 63

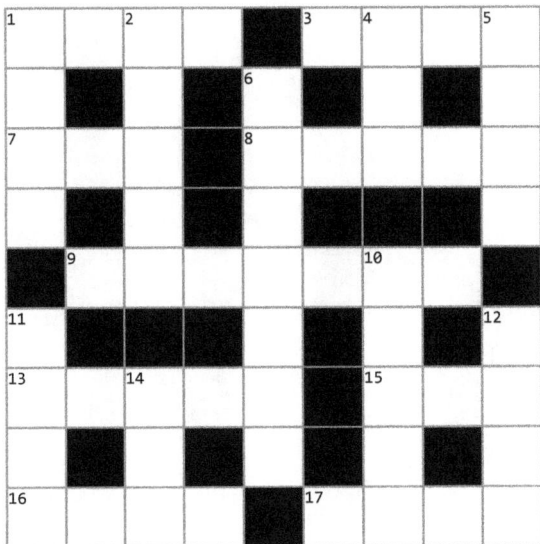

Horizontal

1. *(j')* eus
   (il, elle) eut
3. raisins
7. avec
8. raison
9. avec lui
13. arène
    sable
15. soleil
16. amour
17. note

Vertical

1. *(vous)* faîtes
   (il, elle) fait
2. banc
4. voix, cri
5. sauf
   mais
6. cristal
10. goût
11. *(je)* donnais
    (vous) donniez
12. âme
14. ce

No. 64

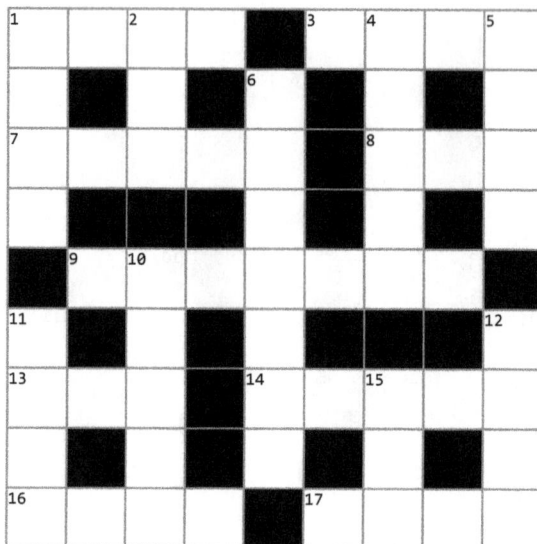

Horizontal

1. poire
3. (j') eus
7. foudre, éclairs
   rayons
8. pareil, pareille
   tel, telle
9. en faveur de (5,2)
13. œil
14. aiguille
16. vagues
17. salle de bains
    bain

Vertical

1. mais
2. roi
4. vous
5. elle
6. balais
10. maintenant
11. cassé
12. côté
15. ongle

No. 65

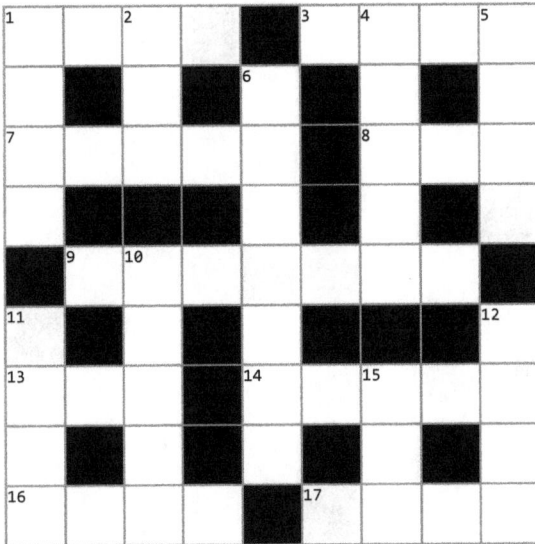

Horizontal

1. mine
3. lit
7. liste
8. mille
9. précis
13. lumière
14. *(tu)* doutes
16. rose
17. *(je)* tombais
   (je) m'écroulais

Vertical

1. mal, mauvais, méchant
2. nous
4. armes
5. salle de classe
6. cascade
10. races
11. fleur
12. c'est-à-dire, soit *(1,3)*
15. jour, journée

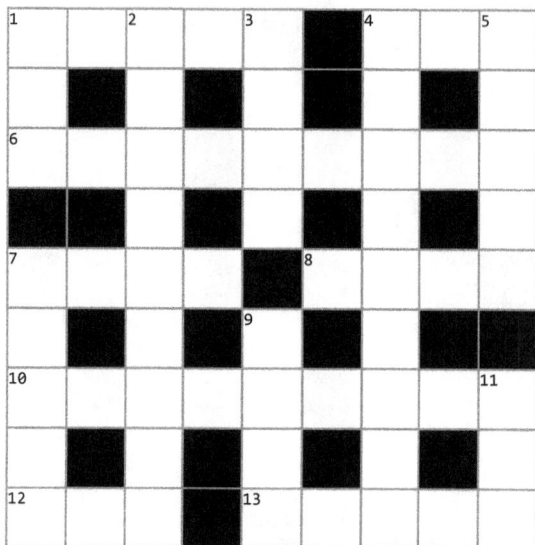

Horizontal

1. *(il, elle)* porte
4. au moyen de, afin de,
6. prêtre
7. cent
8. fille
10. autorité
12. *(j')* étais
    (vous) étiez
13. ouïes
    oreilles

Vertical

1. les
2. *(vous)* rencontrez
   (il, elle) rencontre
3. air
4. propriété
5. roue
7. classe
9. froid
11. deux

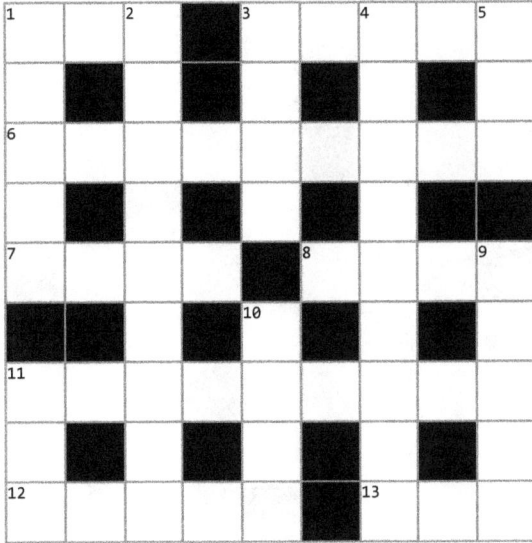

Horizontal

1. poisson
3. fois
6. fourchettes
7. huit
8. craie
11. réel, vrai, véritable
12. doux
13. or

Vertical

1. cour
2. carotte
3. vie
4. boucher
5. son, sa, leur
9. appui, support
10. navire
11. *(tu)* vas

No. 68

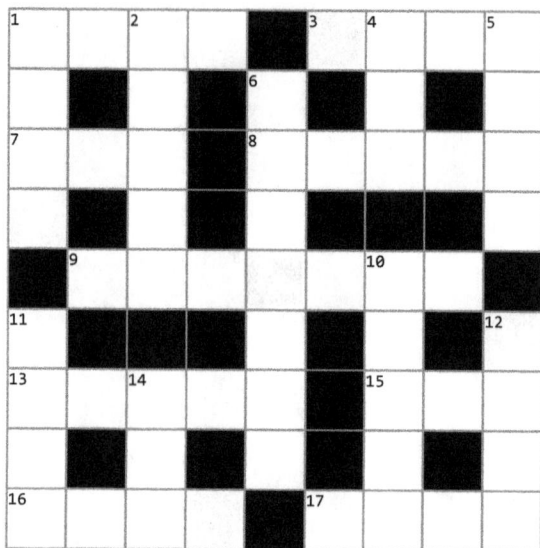

Horizontal

1. miel
3. *(vous)* êtes
7. sel
8. moral
9. aspect, apparence
13. flamme
15. rivière
16. rire
17. chef

Vertical

1. masse, pâte
2. elles *(fem)*
4. entendre
5. *(il, elle)* sort
   (vous) sortez
6. débuter, commencer
10. après-midi, soirée
11. sentir
12. *(vous)* mettez
14. là, là-bas

No. 69

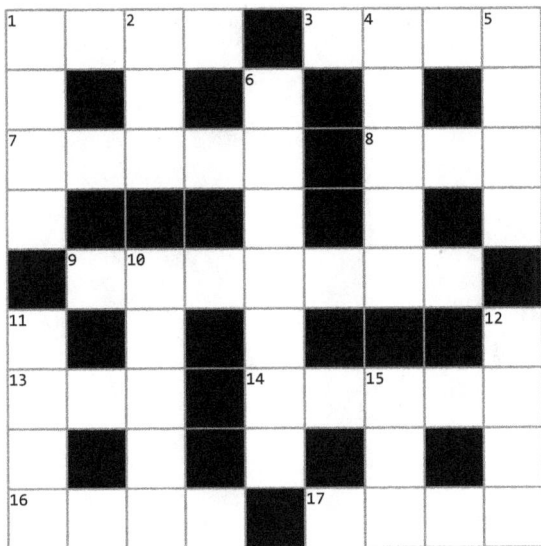

Horizontal

1. fuir
3. rien
7. clair
8. une
9. échapper
13. être
14. janvier
16. odeur
17. soie

Vertical

1. *(je)* fis
2. colère
4. aide
5. ailes
6. tomates
10. sérieux
11. ceci, celui-ci
12. botte
15. ce, cette

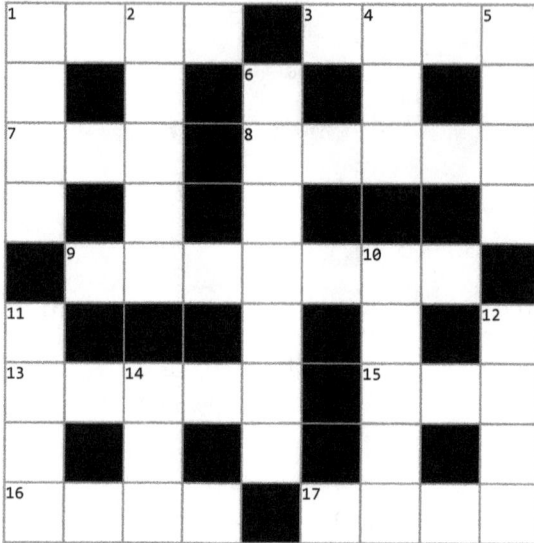

Horizontal

1. appartement
   étage
3. grenouille
7. *(ils)* donnent
8. où
9. journée
13. être
15. donner
16. yeux
17. ceci, celui-ci

Vertical

1. *(je)* pus
2. saint
4. bien que
   encore, même
5. hier
6. à l'intérieur, dedans
10. doigts
11. doigt
12. *(vous)* croyez
    (il, elle) croit
14. oncle

No. 71

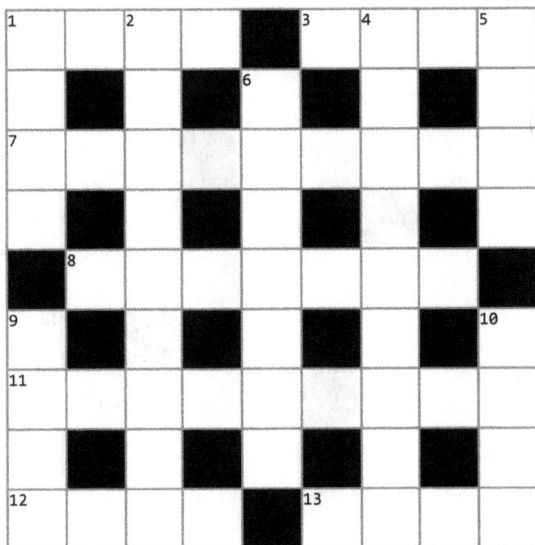

Horizontal
1. guérison
   curé, prêtre
3. rare
7. découvrir
8. cher
11. répondre
12. *(ils, elles)* étaient
13. *(vous)* êtes

Vertical
1. coude
2. réponse
4. autours
5. autre
6. corps
9. art
10. trois

No. 72

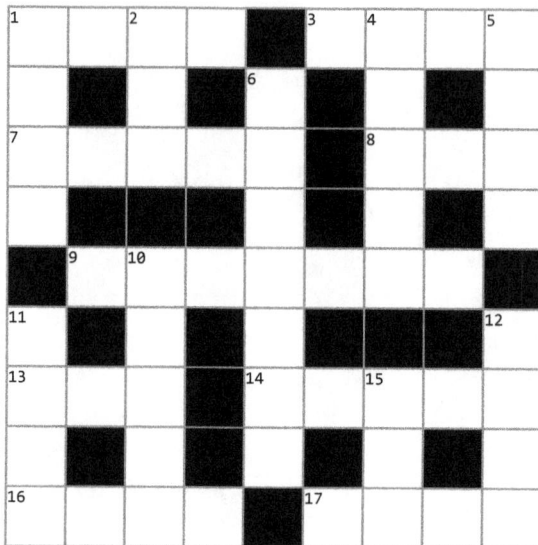

Horizontal

1. sujet, thème
3. *(il, elle)* fit
   (vous) fîtes
7. milles
8. un
9. cette
13. pied
14. tombe
16. âge
17. *(je)* crois
    (je) crée

Vertical

1. *(il)* prit
2. mal
   mauvais, méchant
4. égal
5. ours *(pl)*
6. siège
10. *(il, elle)* reste
    (vous) restez
11. à pied *(1,3)*
12. louche
    casserole
15. mer

No. 73

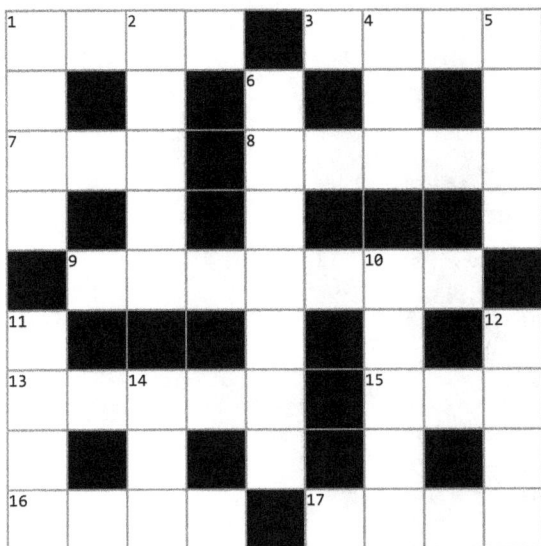

Horizontal

1. blouse
   robe de chambre
3. cape
   couche
7. tante
8. *(j')* ai
9. *(ils, elles)* laissèrent
13. cygne
15. *(il, elle)* allait
    (j') allais
16. oreille
    ouïe
17. usages

Vertical

1. bateau
2. complet, costume
4. même
5. années
6. une autre fois *(4,3)*
10. haines
11. acte, action
12. pays
14. soif

No. 74

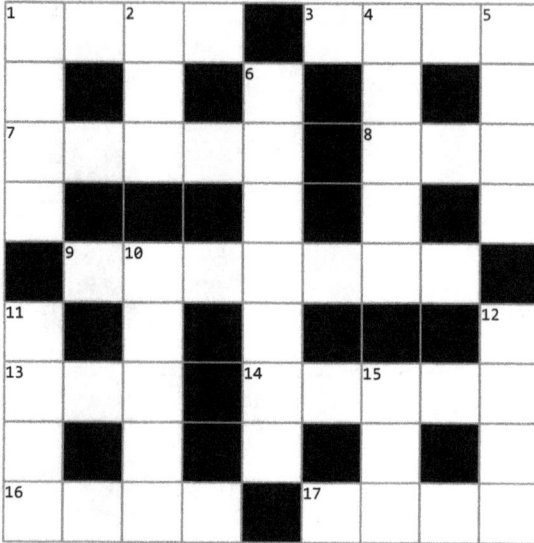

Horizontal

1. chose
3. bouche
7. part, partie
8. ce
9. remerciements
13. voix, cri
14. douche
16. mais
    sauf
17. onze

Vertical

1. coupe, verre à pied
2. sud
4. mouton
5. amour
6. poisson
10. raison
11. raisins
12. *(il, elle)* fait
    (vous) faîtes
15. avec

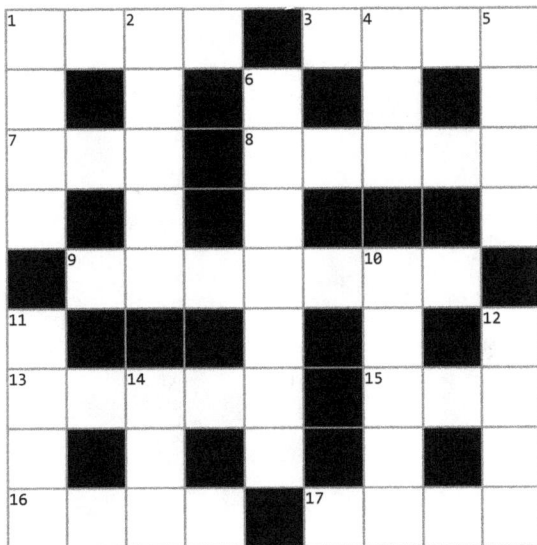

Horizontal

1. *(il, elle)* regarda
3. manière
7. roi
8. *(il, elle)* termine, finit
9. épées
13. *(tu)* es
15. à moi
16. seul
17. île

Vertical

1. *(vous)* regardez
   (il, elle) regarde
2. foudre, éclairs
   rayons
4. *(vous)* écoutiez
   (j') écoutais
5. vagues
6. se marier
   marier
10. âmes
11. six
12. heure
14. pareil, pareille
    tel, telle

No. 76

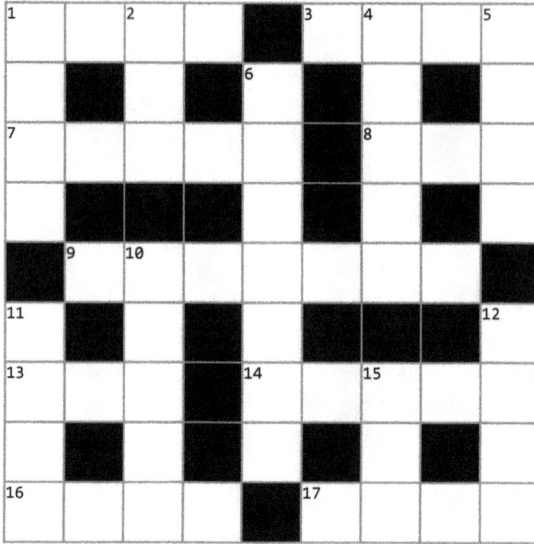

Horizontal

1. type
3. boîte, coffre
   caisse
7. nord
8. mille
9. précis
13. les
14. depuis
16. rire
17. il

Vertical

1. ton
2. couple, paire
4. armes
5. salle de classe
6. marché
10. roses
11. fleur
12. cheveux
15. soleil

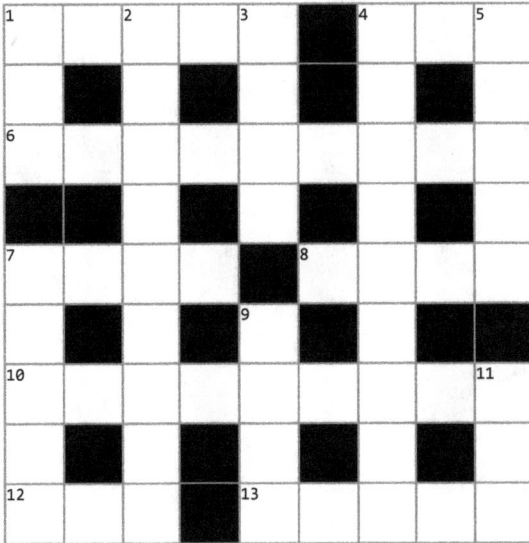

Horizontal

1. dire
4. *(ils)* sont
6. similaire
7. mur
8. mal, mauvais, méchant
10. condition
12. œil
13. lundi

Vertical

1. deux
2. *(je)* comprends
3. rouge
4. sensation
5. nouveau
7. beaucoup
9. peau
11. nous

No. 78

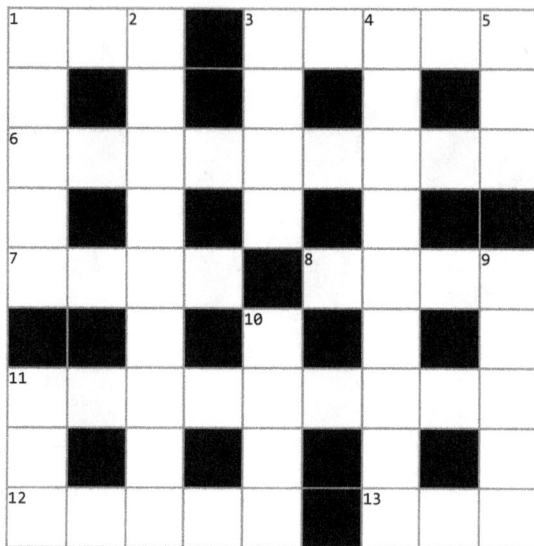

Horizontal
1. paix
3. touche
6. contraire
7. huit
8. vie
11. réel, vrai, véritable
12. doux
13. or

Vertical
1. poitrine
2. carotte
3. tir
4. boucher
5. (j') aime
   patron, chef
9. appui, support
10. navire
11. (tu) vas

No. 79

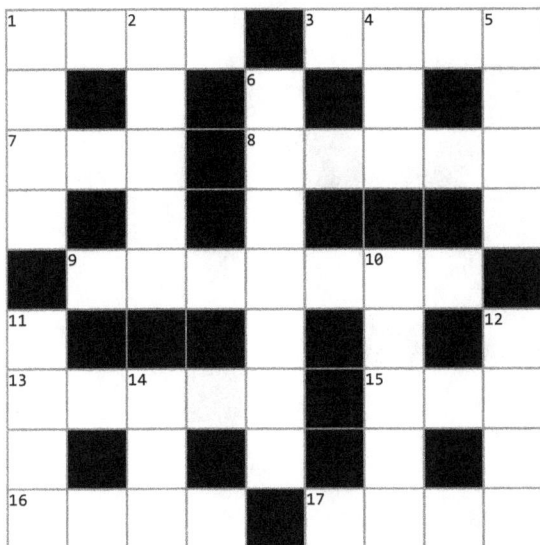

Horizontal

1. jours, journées
3. *(vous)* êtes
7. rivière
8. avril
9. tarte
   biscuit
13. souris
15. *(vous)* étiez
    (j') étais
16. zone
17. *(il, elle)* laisse

Vertical

1. *(je)* dirai
2. maintenant
4. entendre
5. *(il, elle)* sort
   (vous) sortez
6. baleine
10. *(vous)* avez
    (il, elle) a
11. croix
12. *(je)* donnais
    (vous) donniez
14. si, tellement

No. 80

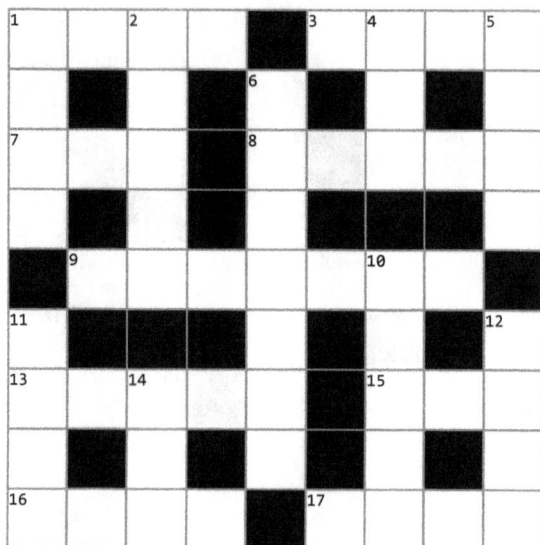

Horizontal

1. fille
3. peine
7. mois
8. *(il, elle)* vient
   (vous) venez
9. rond-point
13. clef
15. sans
16. rire
17. *(vous)* mettez

Vertical

1. fumée
2. juste, exact
4. ce, cette
5. à voir *(1,3)*
6. avions
10. désir, souhait
11. odeur
12. avant, devant
14. là, là-bas

No. 81

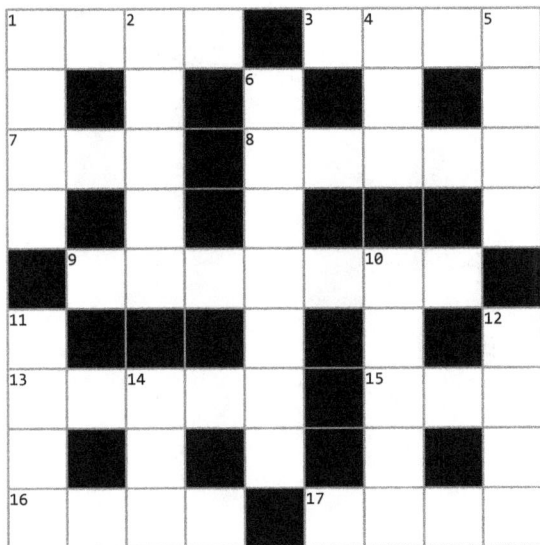

Horizontal

1. ailes
3. *(il, elle)* trouva
   (vous) trouvâtes
7. une
8. degré, grade
9. sourire
13. flamme
15. loi
16. grenouille
17. tomber
    baisser *(prix)*, se coucher

Vertical

1. ici
2. dessous
   en bas
4. ongle
5. yeux
6. saisir, attraper, prendre
10. sauce
11. sentir
12. hier
14. bien que
    encore, même

No. 82

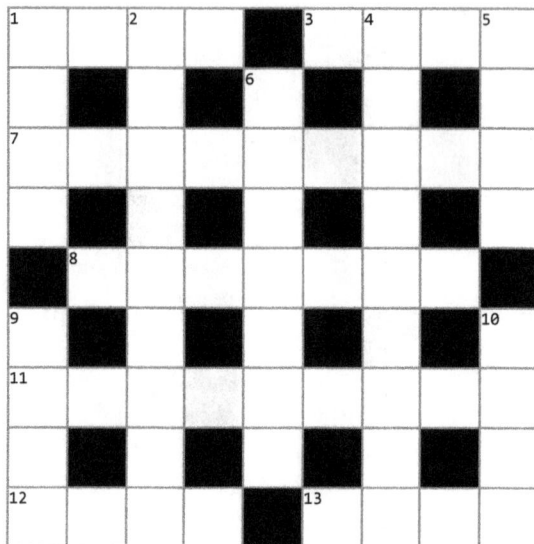

Horizontal

1. pur
3. moment
7. trouver
   rencontrer
8. au lieu de, à la place de *(2,3,2)*
11. souvenirs
12. *(il, elle)* sera
    (vous) serez
13. *(il, elle)* croit
    (vous) croyez

Vertical

1. donc
2. reconnaître
4. autours
5. autre
6. anges
9. après, derrière
10. ceci, celui-ci

No. 83

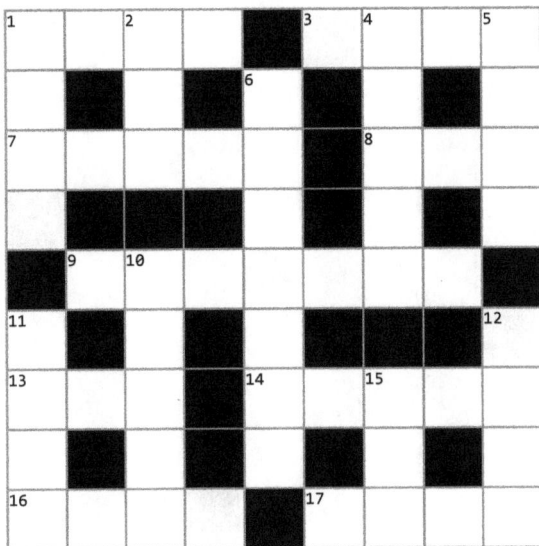

Horizontal

1. dindon
3. botte
7. cochon
8. donner
9. fortune
13. pied
14. sucré
    doux
16. *(ils, elles)* étaient
17. c'est-à-dire, soit *(1,3)*

Vertical

1. peu
2. voir
4. ordre
5. air
6. côté
10. oreille
11. à pied *(1,3)*
12. diner, souper
15. les

No. 84

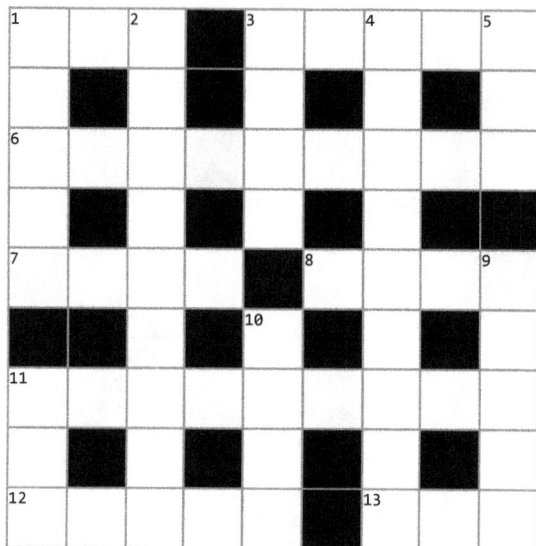

Horizontal

1. mer
3. *(il, elle)* parle
   parole
6. râteau
7. ours *(pl)*
8. eau
11. aube
12. longueur
    long
13. *(vous)* écoutâtes
    (il, elle) écouta

Vertical

1. mars
2. répondre
3. *(je)* ferai
4. stylo
5. an, année
9. *(il, elle)* termina
10. dur
11. mauvais, méchant
    mal

No. 85

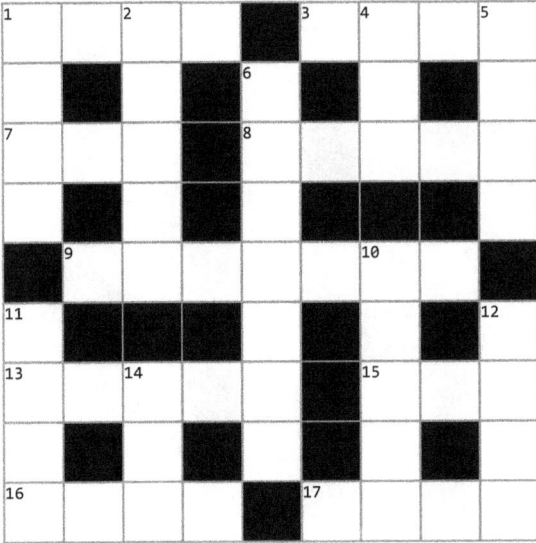

Horizontal

1. âme
3. *(il, elle)* fait
   (vous) faîtes
7. plus
8. couverture
9. épice
13. aide
15. ce
16. *(ils, elles)* allaient
17. celle-ci, celui-ci

Vertical

1. arme
2. mois *(pl)*
4. même
5. âge
6. débuter, commencer
10. idées
11. presque
12. noces
14. raisin

No. 86

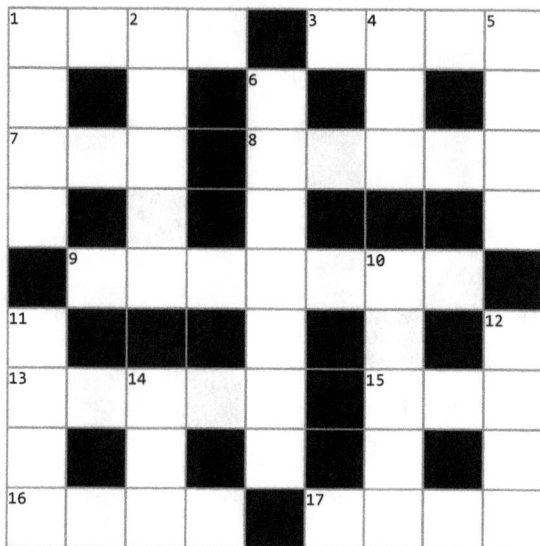

Horizontal
1. lac
3. bateau
7. *(il a)* donné
8. complet, costume
9. tomates
13. cygne
15. tante
16. oreille
    ouïe
17. table

Vertical
1. côté
2. globe
4. *(vous)* écoutiez
   (j') écoutais
5. *(vous)* êtes
6. une autre fois *(4,3)*
10. entre, parmi
11. acte, action
12. race
14. soif

No. 87

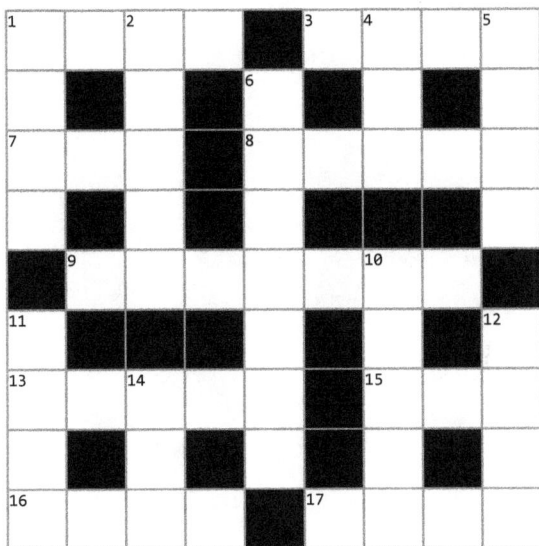

Horizontal

1. appartement
   étage
3. fille
7. sud
8. clou
9. intérêt
13. vous
15. oncle
16. elle
17. ceci, celui-ci

Vertical

1. *(il)* passa
   (vous) passâtes
2. *(ils, elles)* seront
4. *(il, elle)* allait
   (j') allais
5. amour
6. accord, convention
10. ces
11. nuage
12. tout
14. pareil, pareille
    tel, telle

No. 88

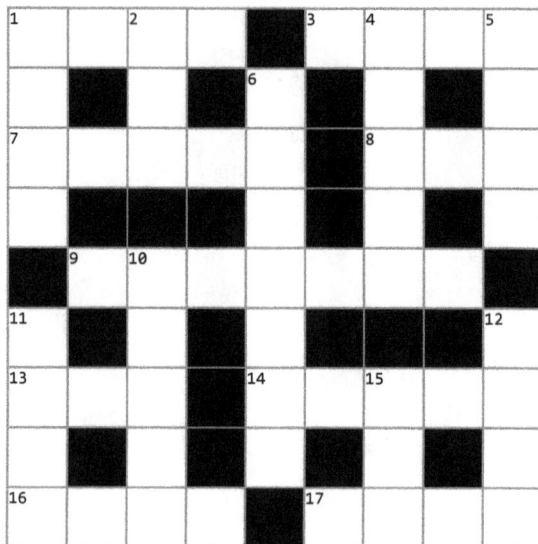

Horizontal

1. *(je)* mis
3. chef
7. rois
8. mille
9. immense
13. *(ils)* donnent
14. amie
16. vagues
17. verre

Vertical

1. mais
2. *(je)* suis
4. de plus *(2,3)*
5. il
6. attendre
   espérer
10. jamais
11. *(je)* hais
    haine
12. *(je)* fais
15. colère

No. 89

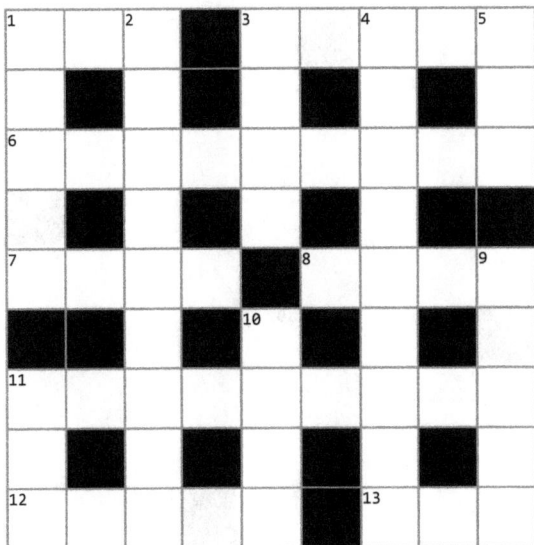

Horizontal
1. couple, paire
3. capes
   couches
6. planeur
7. lime
   vert citron
8. pays
11. conducteur
12. nouveau
13. œil

Vertical
1. papier
2. réellement
3. cent
4. beau-père
5. être
9. sérieux
10. mur
11. avec

No. 90

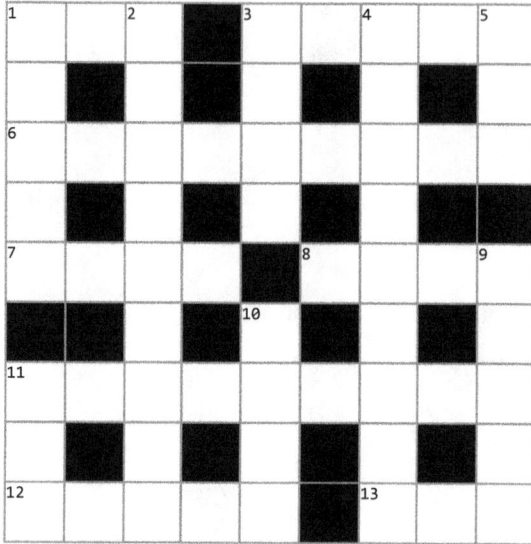

Horizontal
1. poisson
3. vaches
6. fourchettes
7. huit
8. *(vous)* regardez
   (il, elle) regarde
11. réel, vrai, véritable
12. doux
13. or

Vertical
1. cour
2. carotte
3. vie
4. boucher
5. son, sa, leur
9. appui, support
10. navire
11. *(tu)* vas

No. 91

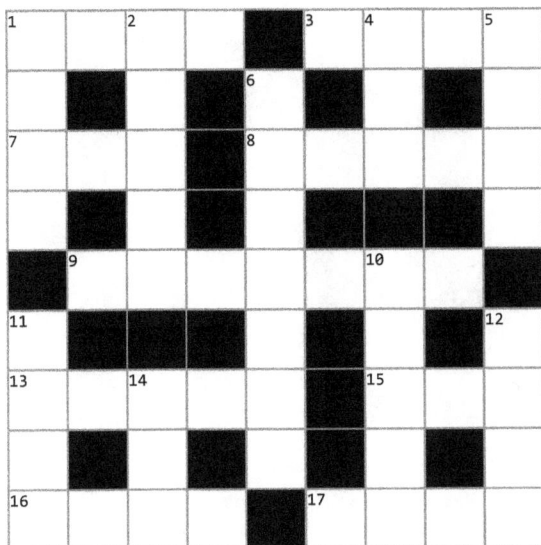

Horizontal

1. cheveux
3. *(vous)* êtes
7. *(ils)* sont
8. avril
9. papiers
13. reste
15. jour, journée
16. *(vous)* sortez
    (il, elle) sort
17. île

Vertical

1. *(il, elle)* mit
2. ligne
4. entendre
5. seul
6. *(nous)* savons
10. en deux *(2,3)*
11. gris
    morne
12. *(je)* donnais
    (vous) donniez
14. soleil

No. 92

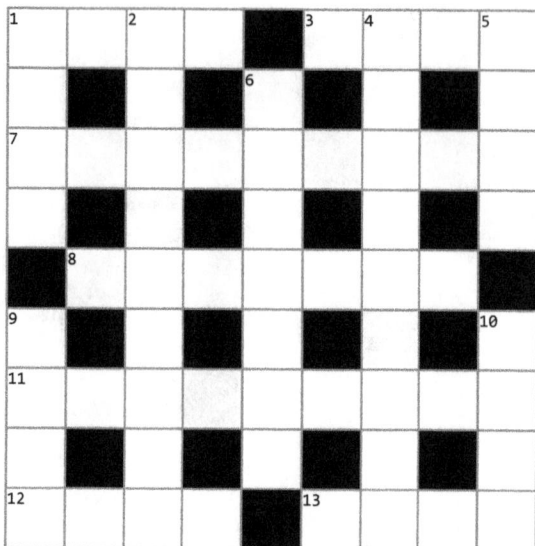

Horizontal

1. quelque chose
3. mai
7. terminé
8. parti
11. vitamines
12. rire
13. trois

Vertical

1. haut
2. gorges
4. abandonner
   négliger
5. odeur
6. système
9. à voir (1,3)
10. usages

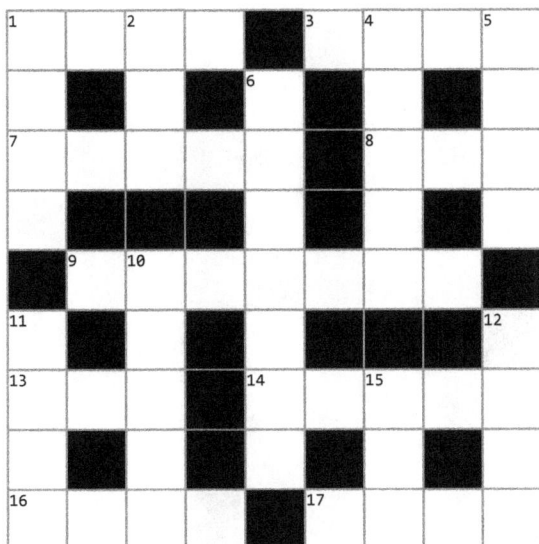

Horizontal

1. mal, mauvais, méchant
3. sentir
7. raison
8. là, là-bas
9. solitude
13. ce, cette
14. gâteau, tarte
16. ailes
17. douze

Vertical

1. *(il, elle)* regarda
2. lumière
4. flamme
5. rire
6. tentative, essai
10. mouton
11. bougie
    voile
12. *(vous)* savez
    (il, elle) sait
15. rivière

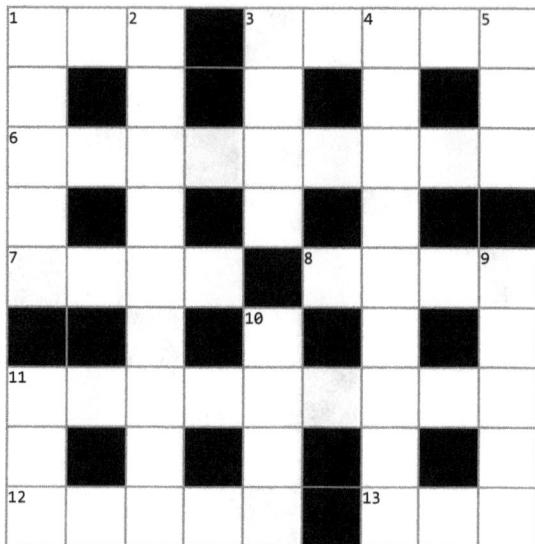

No. 94

1		2		3		4		5
6								
7				8			9	
			10					
11								
12					13			

Horizontal
1. *(tu)* vois
3. pâtes
6. *(je)* comprends
7. autre
8. baisser *(prix)*, se coucher tomber
11. services
12. liste
13. nous

Vertical
1. vide
2. chapeaux
3. pur
4. sensation
5. *(j')* aime patron, chef
9. roses
10. mine
11. sel

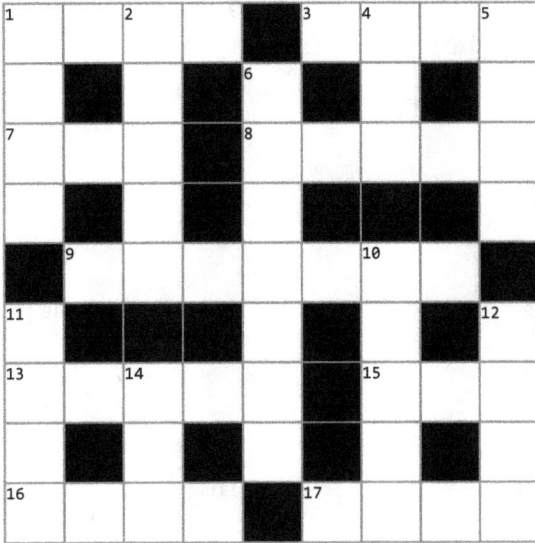

Horizontal

1. *(je)* passe
   passage
3. canard
7. *(ils)* vont
   (vous) allez
8. banc
9. instant, moment
13. *(je)* peux
15. sans
16. *(ils, elles)* étaient
17. *(vous)* croyez
    (il, elle) croit

Vertical

1. dindon
2. saint
4. encore, même
   bien que
5. yeux
6. objets
10. tousser
11. à pied *(1,3)*
12. onze
14. *(vous)* étiez
    (j') étais

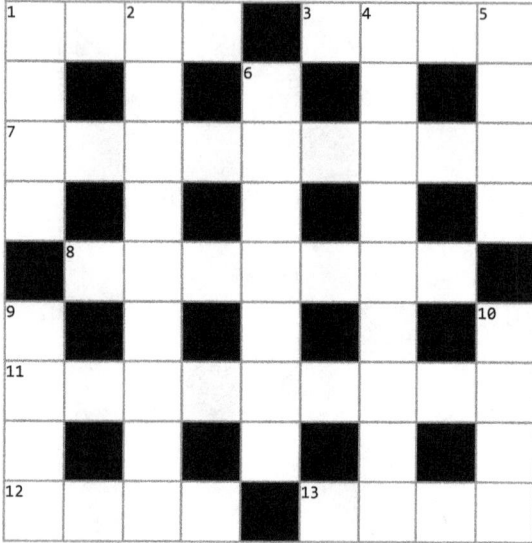

Horizontal

1. grenouille
3. après, derrière
7. reconnaître
8. vous *(formel)* au pluriel
11. autours
12. ours *(pl)*
13. ceci, celui-ci

Vertical

1. rare
2. nécessaire
4. souvenirs
5. *(vous)* serez
   (il, elle) sera
6. au lieu de, à la place de
   (2,3,2)
9. casserole
   louche
10. art

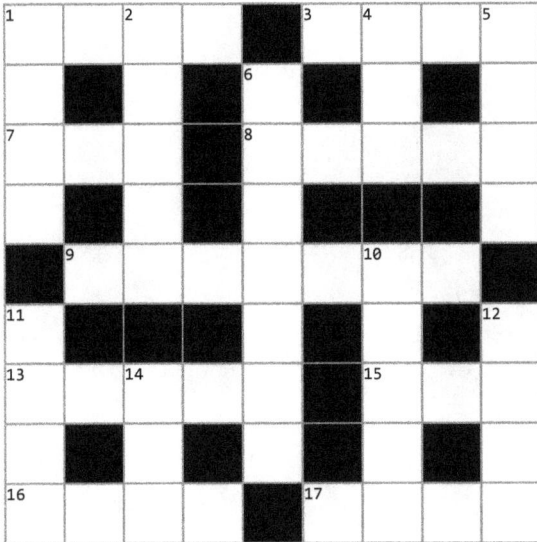

Horizontal

1. rouge
3. maison
7. pied
8. honneur
9. serviettes
13. arène
    sable
15. raisin
16. années
17. tasse

Vertical

1. vêtement
2. jeu
4. même
5. air
6. crier
10. aiguille
11. *(je)* tombais
    (je) m'écroulais
12. rien
14. ce

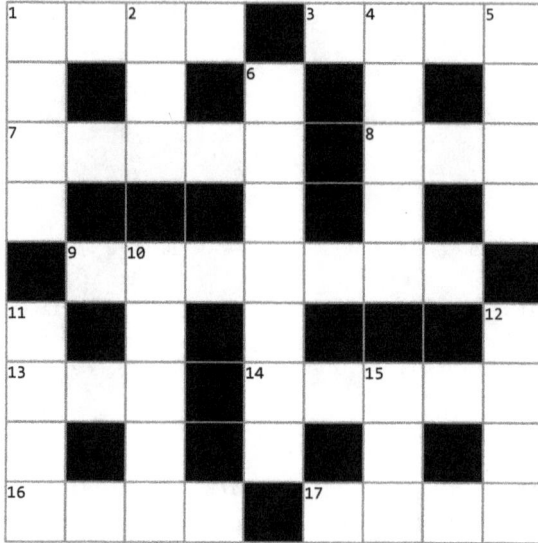

Horizontal

1. celle-ci, celui-ci
3. *(vous)* êtes
7. tunnel
8. *(je)* donne
9. maillot de bain
13. *(vous)* écoutiez
    (j') écoutais
14. chaleur
16. âge
17. c'est-à-dire, soit *(1,3)*

Vertical

1. *(vous)* êtes
   (il) est
2. si, tellement
4. radio
5. à lui
6. portée
10. *(il, elle)* termine, finit
11. *(vous)* mettez
12. arme
15. les

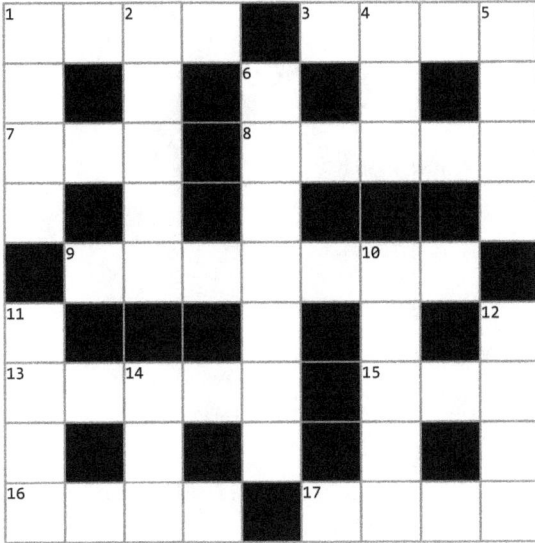

Horizontal

1. *(je)* crois
   (je) crée
3. fille
7. *(vous)* allâtes
   (vous) fûtes
8. voyage
9. *(je)* connais
13. entre, parmi
15. à moi
16. salle de classe
17. note

Vertical

1. café
2. janvier
4. *(j')* allais
   (il, elle) allait
5. hier
6. avions
10. champ
11. peine
12. zone
14. pareil, pareille
    tel, telle

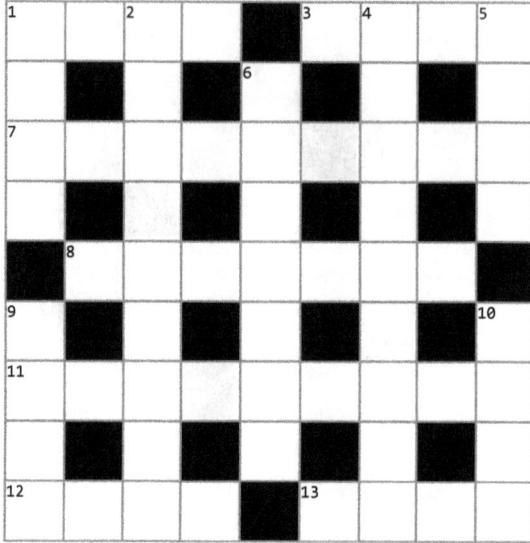

Horizontal

1. mais
   sauf
3. fou
7. patience
8. stupéfaction, ahurissement
11. ordinateur
12. ouïe
    oreille
13. (je) hais
    haine

Vertical

1. soupe
2. nécessité
4. obscurité
5. vagues
6. frère
9. comment
10. froid

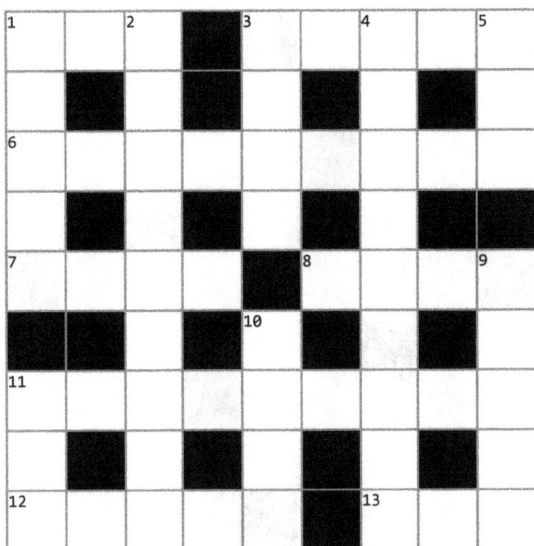

Horizontal

1. *(tu)* as
3. fait
6. stylo
7. âme
8. addition, somme
11. conducteur
12. nouveau
13. sud

Vertical

1. *(il, elle)* parle parole
2. seulement
3. *(je)* fais
4. vestes
5. œil
9. ouvrir
10. dur
11. avec

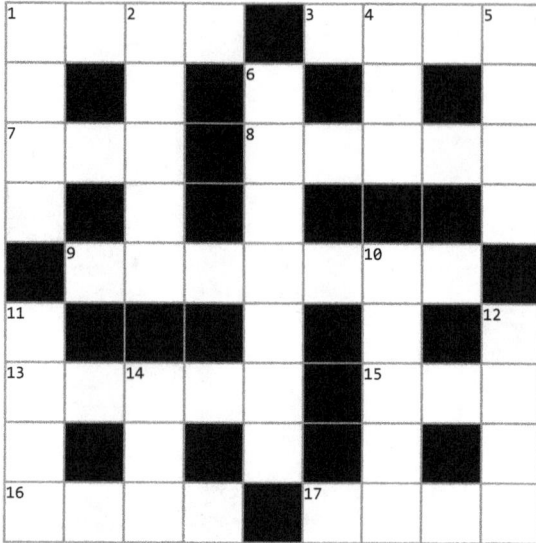

Horizontal

1. *(je)* dois
3. *(vous)* doutez
   (il, elle) doute
7. donner
8. appui, support
9. vêtement
13. auteur
15. oncle
16. *(ils, elles)* allaient
17. ceci, celui-ci

Vertical

1. doigt
2. bord
   emmerdant
4. un
5. amour
6. portefeuille
10. données
11. presque
12. ton
14. tante

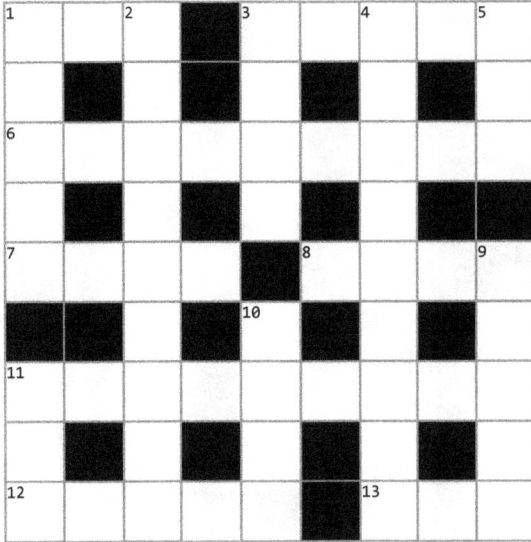

Horizontal

1. deux
3. noix de coco *(pl)*
6. compassion
7. canapé
8. poids
11. cligner des yeux
12. reste
13. son, sa, leur

Vertical

1. *(tu)* dis
2. feux
3. quel, lequel
4. cheminée
5. *(ils)* sont
9. autres
10. chat
11. au moyen de, afin de,

No. 104

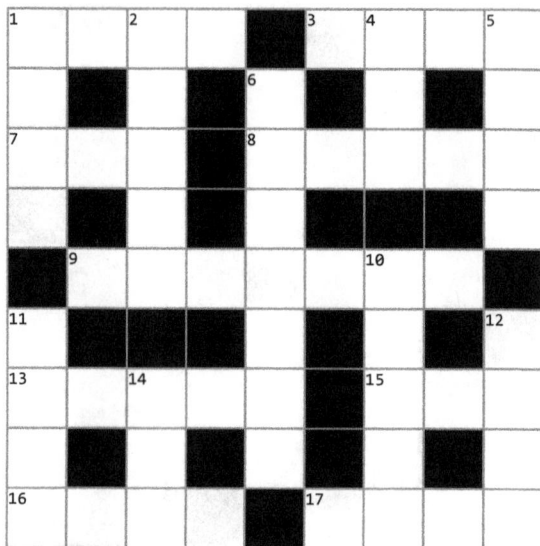

Horizontal

1. train
3. cassé
7. mauvais, méchant
   mal
8. mars
9. aspect, apparence
13. vue, regard
15. ainsi, comme cela, donc
16. rayon
    foudre, éclair
17. six

Vertical

1. *(il, elle)* prend
   (vous) prenez
2. eux, ils
4. entendre
5. odeur
6. débuter, commencer
10. complet, costume
11. à voir *(1,3)*
12. jours, journées
14. *(je)* suis

No. 105

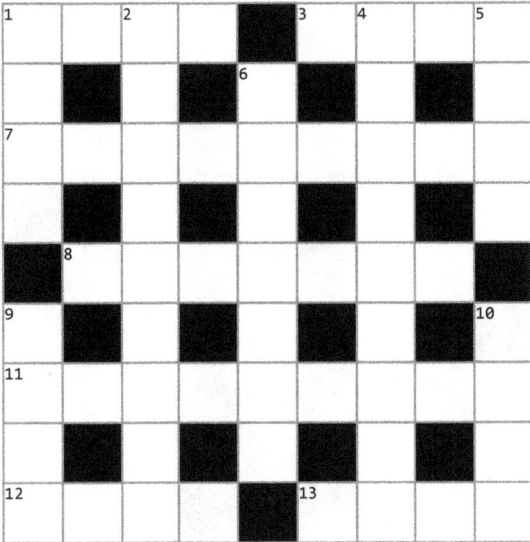

Horizontal

1. *(vous)* êtes
3. voile
   bougie
7. distance
8. cheval
11. s'étirer
12. rire
13. île

Vertical

1. soie
2. moments
4. escaliers
5. ailes
6. mot
9. lire
10. sujet, thème

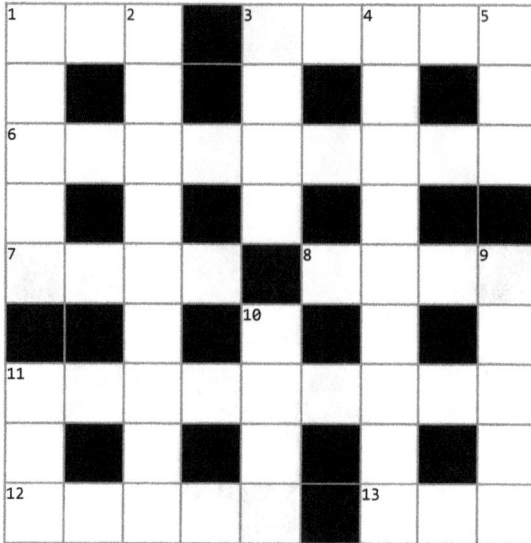

Horizontal

1. *(tu)* vas
3. *(ils)* disent
6. serveurs
7. autre
8. pieds
11. serpent
12. désir, souhait
13. ce, cette

Vertical

1. vide
2. chapeaux
3. *(je)* dirai
4. courant
5. nous
9. sept
10. *(je)* dis
11. soif

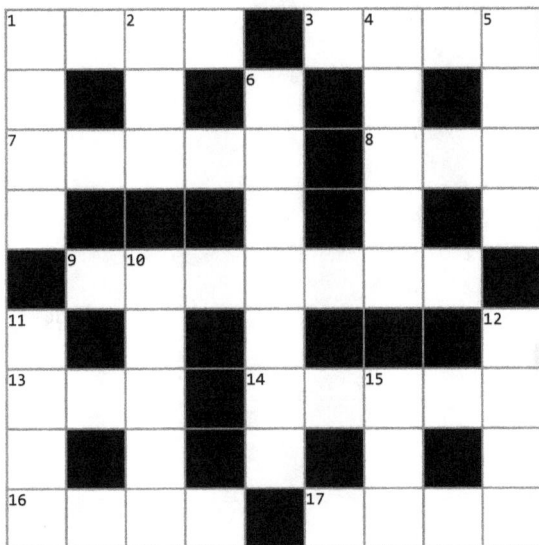

Horizontal

1. *(il)* passa
   (vous) passâtes
3. à pied *(1,3)*
7. où
8. sel
9. officiel
13. une
14. *(vous)* diriez
    (je) dirais
16. sentir
17. chose

Vertical

1. *(je)* pus
2. sans
4. pâtes
5. elle
6. poisson
10. phrase
11. dont le/la
12. chaque
15. rivière

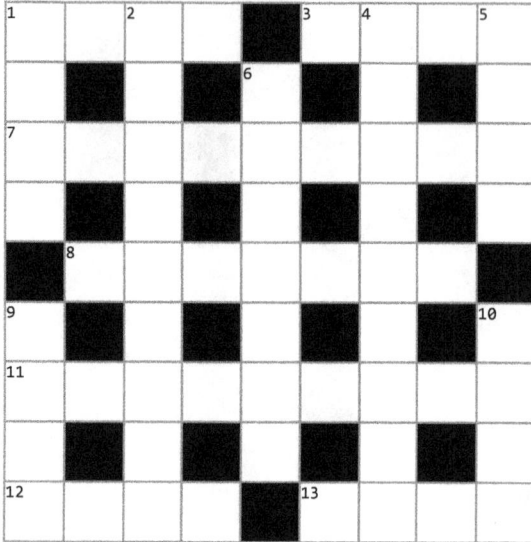

Horizontal

1. *(il, elle)* regarde
   (vous) regardez
3. tomber
   baisser *(prix)*, se coucher
7. rencontrer
   trouver
8. au lieu de, à la place de *(2,3,2)*
11. souvenirs
12. *(vous)* serez
    (il, elle) sera
13. *(il, elle)* croit
    (vous) croyez

Vertical

1. miel
2. reconnaître
4. autours
5. rare
6. anges
9. gris
   morne
10. ceci, celui-ci

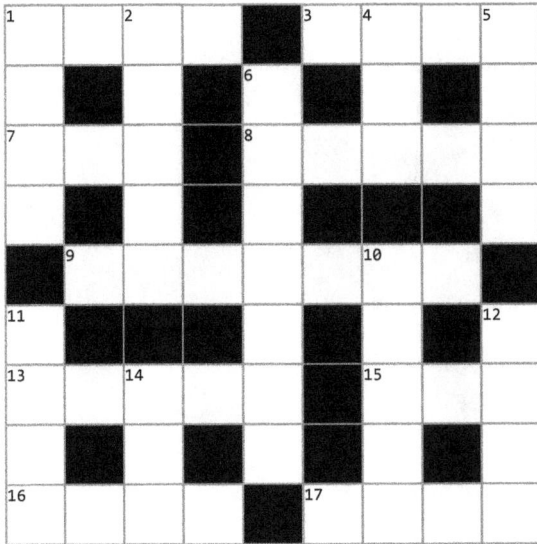

Horizontal

1. rien
3. *(je)* donnais
   (vous) donniez
7. *(vous)* allez
   (ils) vont
8. final, bout, fin
9. marché
13. goût
15. mois
16. air
17. ours *(pl)*

Vertical

1. navire
2. où
4. encore, même
   bien que
5. là, là-bas
6. affections
10. autre, le reste
11. eau
12. usages
14. être

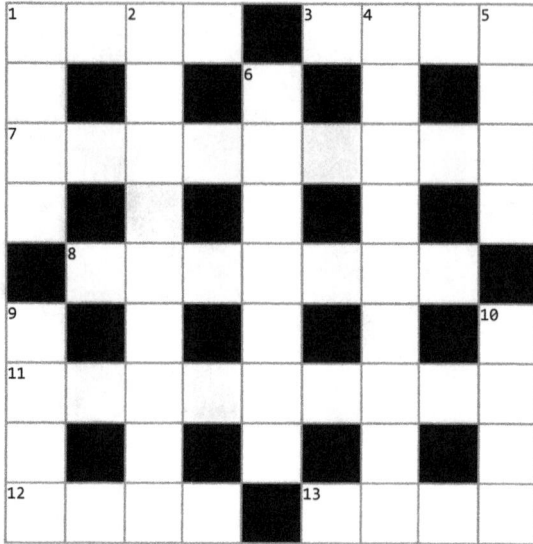

1		2		■	3	4		5
	■		■	6	■		■	
7								
	■		■		■		■	
■	8							■
9	■		■		■		■	10
11								
	■		■		■		■	
12				■	13			

Horizontal

1. *(vous)* mettez
3. mai
7. prêtre
8. vous *(formel)* au pluriel
11. route, boulevard, autoroute
12. yeux
13. *(vous)* êtes

Vertical

1. *(il, elle)* passe
   (vous) passez
2. nécessaire
4. claquer
   gifler
5. c'est-à-dire, soit *(1,3)*
6. ordres
9. huit
10. pays

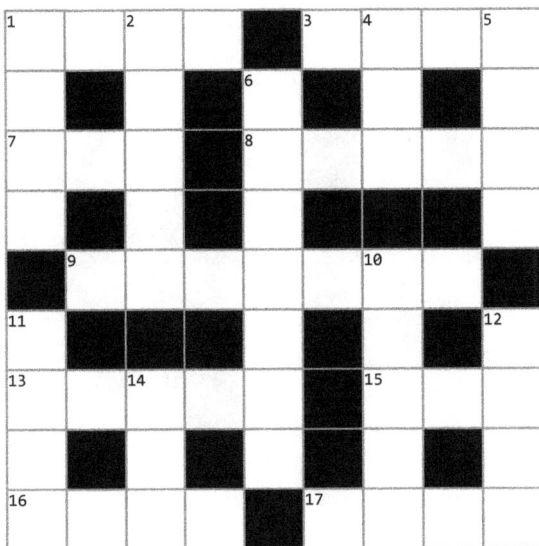

Horizontal

1. café
3. caisse
   boîte, coffre
7. mer
8. (j') ai
9. palais
13. clef
15. (j') étais
    (vous) étiez
16. rire
17. (vous) êtes
    (il) est

Vertical

1. lit
2. forme
4. même
5. années
6. une autre fois *(4,3)*
10. idées
11. fleur
12. (vous) ferez
    (il, elle) feront
14. là, là-bas

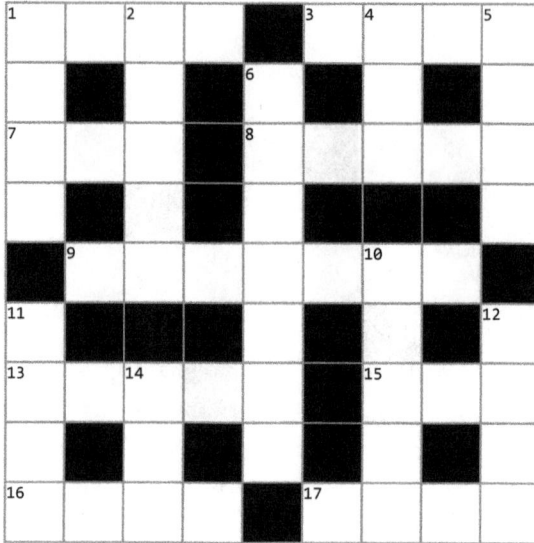

Horizontal

1. race
3. douze
7. pain
8. *(il, elle)* termine, finit
9. balais
13. aide
15. patron, chef
    (j') aime
16. âge
17. verre

Vertical

1. vêtement
2. zones
4. *(j')* écoutais
    (vous) écoutiez
5. *(ils, elles)* étaient
6. réverbères, lampadaires
10. araignée
11. *(vous)* faîtes
    (il, elle) fait
12. rouge
14. raisin

No. 113

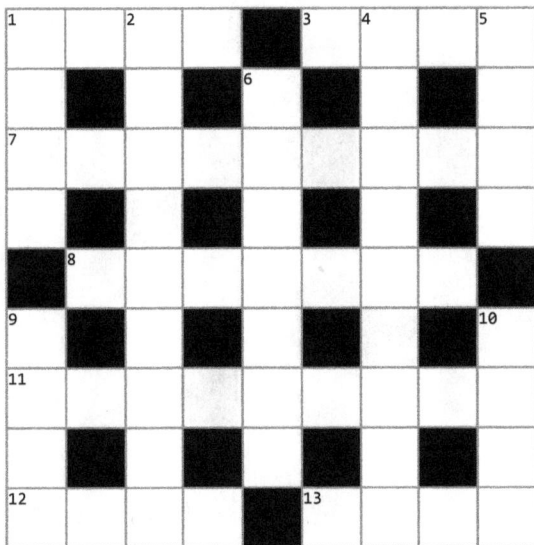

Horizontal

1. peine
3. mal, mauvais, méchant
7. *(vous)* rencontrez
   (il, elle) rencontre
8. stupéfaction, ahurissement
11. ordinateur
12. oreille
    ouïe
13. haine
    (je) hais

Vertical

1. peau
2. nécessité
4. autorité
5. vagues
6. frère
9. mignon
   singe
10. froid

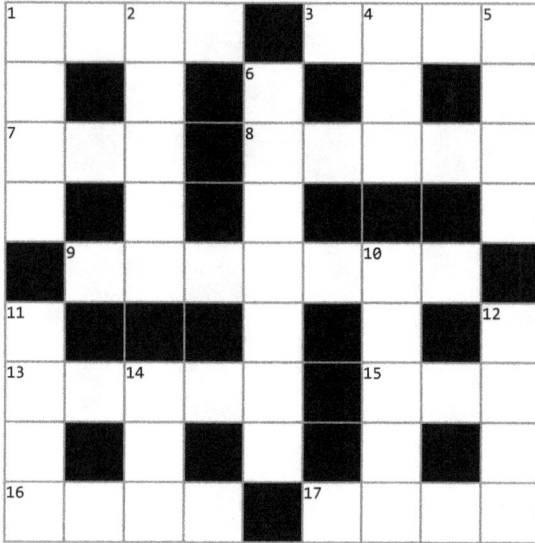

Horizontal

1. *(il)* doit
3. guérison
   curé, prêtre
7. *(ils)* donnent
8. en bas
   dessous
9. acheter
13. *(ils, elles)* sont
15. *(vous)* fûtes
    (vous) allâtes
16. grenouille
17. onze

Vertical

1. doigt
2. banc
4. ongle
5. amour
6. hotte
   cloche
10. enfin, finalement *(2,3)*
11. pire
12. chef
14. si, tellement

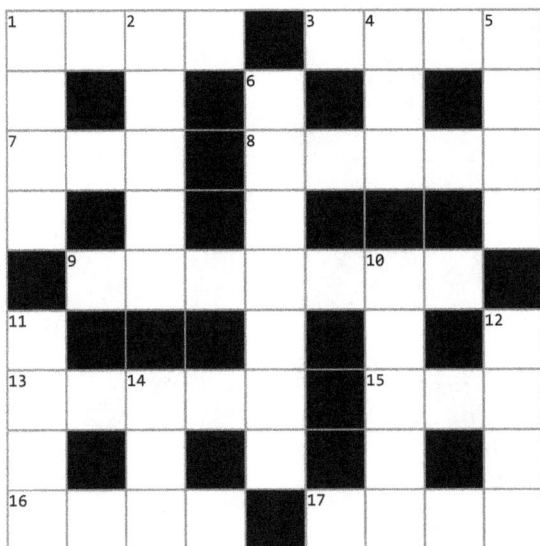

Horizontal

1. après, derrière
3. vert citron
   lime
7. ce
8. classe
9. solitude
13. vous
15. colère
16. *(vous)* sortez
    (il, elle) sort
17. *(il)* prit

Vertical

1. trois
2. appui, support
4. *(j')* allais
   (il, elle) allait
5. hier
6. accord, convention
10. ami
11. donc
12. *(il, elle)* tomba
14. tel, telle
    pareil, pareille

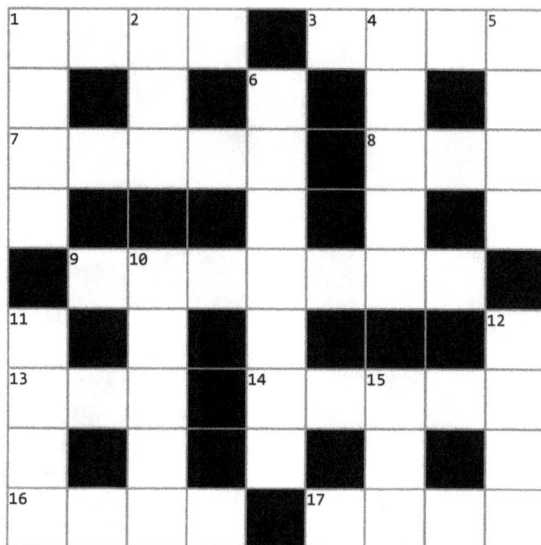

Horizontal

1. poire
3. casserole
   louche
7. lois
8. or
9. klaxons
13. voir
14. ouïes
    oreilles
16. rose
17. coupe, verre à pied

Vertical

1. cheveux
2. roi
4. maintenant
5. odeur
6. styles
10. autres
11. à voir *(1,3)*
12. celle-ci, celui-ci
15. *(il a)* donné

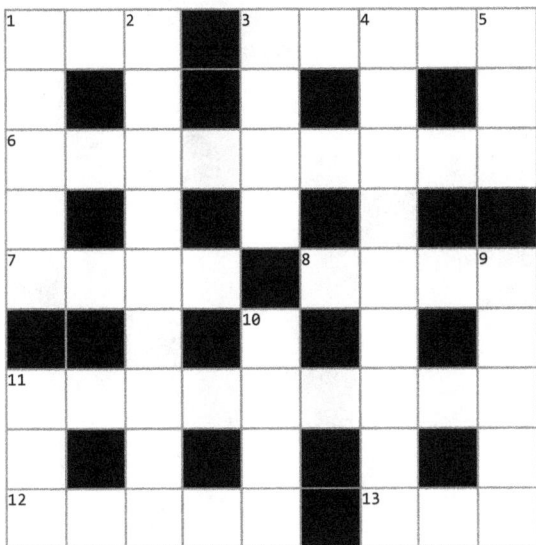

Horizontal

1. au moyen de, afin de,
3. doigts
6. cahiers
7. addition, somme
8. vie
11. conducteur
12. neuf
13. sud

Vertical

1. poissons
2. réellement
3. dix
4. dentistes
5. son, sa, leur
9. ouvrir
10. nuage
11. avec

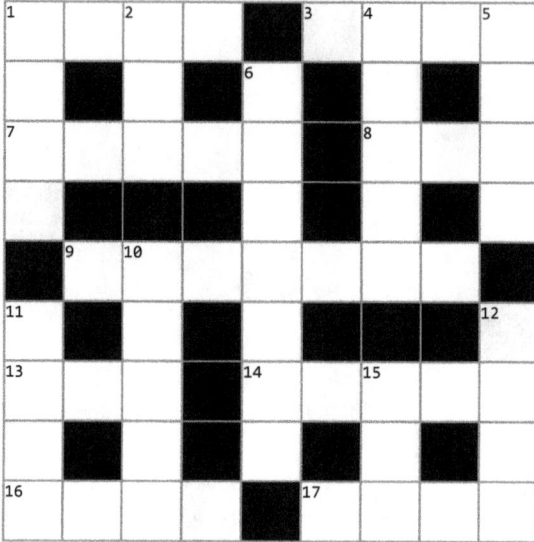

Horizontal

1. sujet, thème
3. île
7. *(ils, elles)* passent
8. jour, journée
9. course
   carrière
13. entendre
14. sucré
    doux
16. salle de classe
17. ceci, celui-ci

Vertical

1. type
2. plus
4. sueur
5. ailes
6. entrée
10. avril
11. *(vous)* prenez
    (il, elle) prend
12. *(je)* dois
15. les

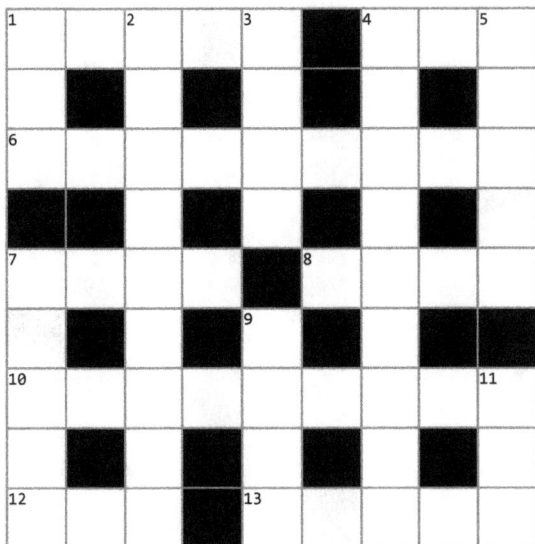

Horizontal

1. jouer
   toucher
4. mauvais, méchant
   mal
6. amis
7. cassé
8. lune
10. terminé
12. nous
13. (il, elle) termina

Vertical

1. tante
2. créatures
3. moment
4. aube
5. liste
7. souris
9. rire
11. (il, elle) écouta
    (vous) écoutâtes

No. 120

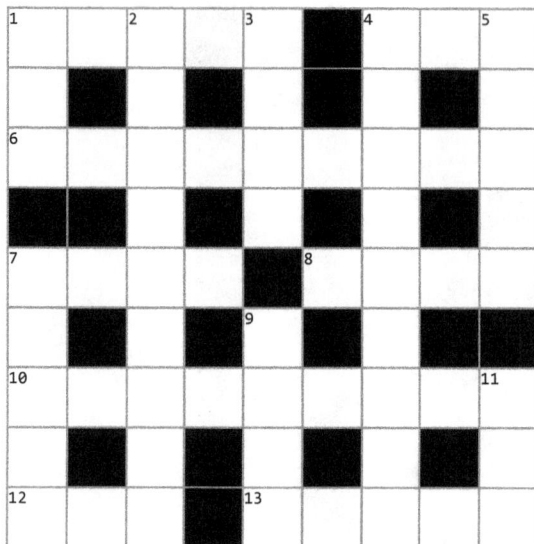

Horizontal

1. cousin
4. couple, paire
6. s'étirer
7. vin
   (vous êtes) venu
8. couche
   cape
10. cheminée
12. *(ils)* sont
13. *(ils, elles)* seront

Vertical

1. pied
2. intention
3. autre
4. cligner des yeux
5. roue
7. voix, cris
9. six
11. sans

No. 121

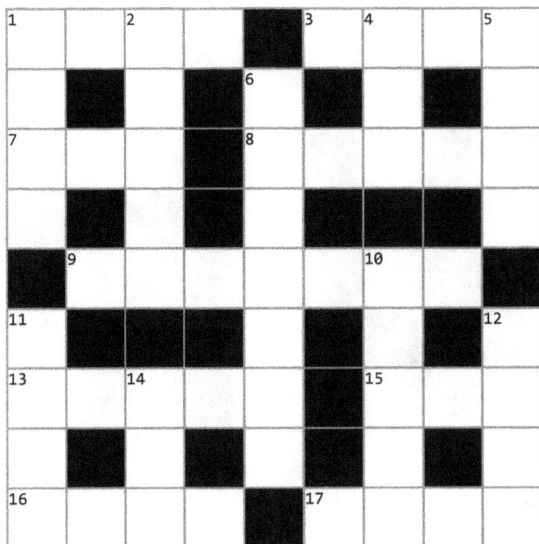

Horizontal

1. botte
3. sentir
7. donner
8. cuisse
9. solution
13. chaise
15. usage
16. à lui
17. elle

Vertical

1. noces
2. après-midi, soirée
4. les
5. rivières
6. débuter, commencer
10. égal
11. ours *(pl)*
12. bouche
14. loi

No. 122

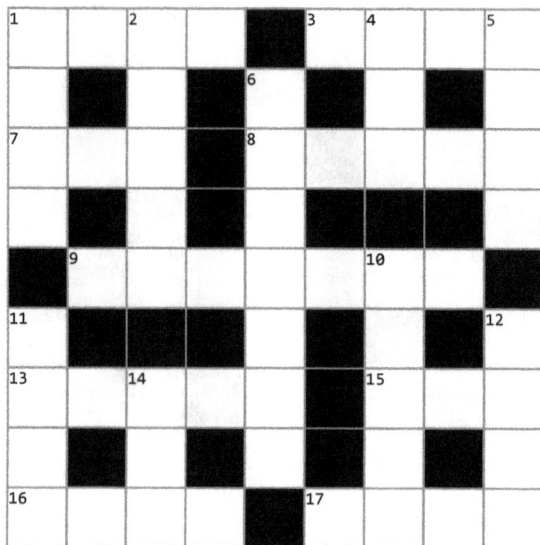

Horizontal

1. *(il a)* dit
3. sous
7. deux
8. où
9. journée
13. être
15. sel
16. yeux
17. comment

Vertical

1. *(il, elle)* doute *(vous)* doutez
2. juste, exact
4. bien que encore, même
5. c'est-à-dire, soit *(1,3)*
6. à l'intérieur, dedans
10. désir, souhait
11. mais
12. quelque chose
14. oncle

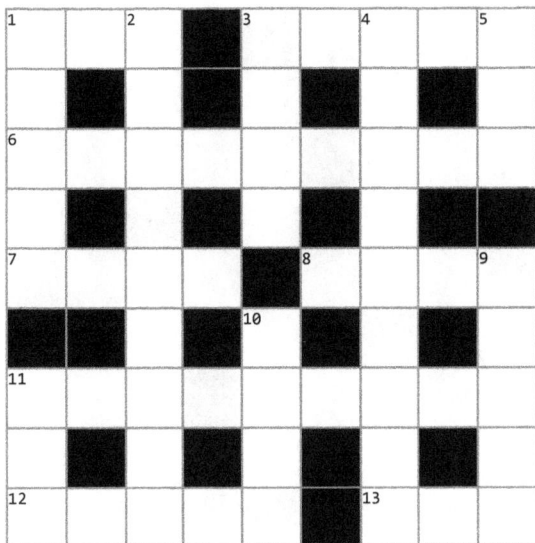

Horizontal

1. paix
3. douche
6. contraire
7. huit
8. fils
11. serpent
12. clef
13. (j') étais
    (vous) étiez

Vertical

1. poitrine
2. carotte
3. dur
4. courant
5. an, année
9. mouton
10. air
11. soleil

No. 124

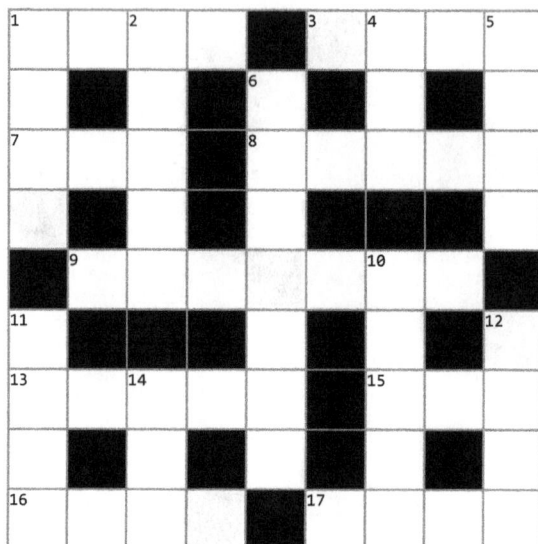

Horizontal

1. rouge
3. pays
7. pain
8. tunnel
9. tomates
13. sept
15. à moi
16. *(vous)* êtes
17. *(il)* est
    (vous) êtes

Vertical

1. vêtement
2. juin
4. même
5. seul
6. une autre fois *(4,3)*
10. de plus *(2,3)*
11. ceci, celui-ci
12. canapé
14. ce, cette

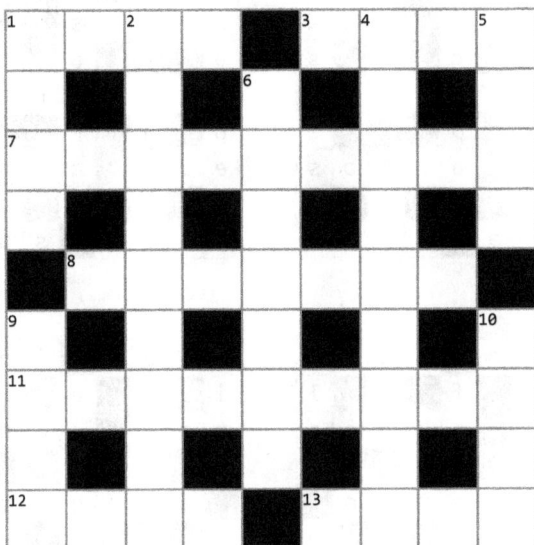

Horizontal

1. peine
3. rayon
   foudre, éclair
7. *(vous)* rencontrez
   (il, elle) rencontre
8. stupéfaction, ahurissement
11. ordinateur
12. oreille
    ouïe
13. haine
    (je) hais

Vertical

1. pieds
2. nécessité
4. autorité
5. vagues
6. frère
9. peu
10. *(je)* crois
    (je) crée

Solutions

No. 1

p	u	r	o	■	b	e	s	o
e	■	e	■	e	■	n	■	l
l	e	y	e	s	■	d	í	a
o	■	■	■	c	■	o	■	s
■	c	a	s	a	r	s	e	■
a	■	b	■	p	■	■	■	e
p	o	r	■	a	u	t	o	s
i	■	i	■	r	■	í	■	t
e	l	l	a	■	d	a	ñ	o

No. 2

c	o	m	o	■	g	a	t	o
o	■	a	■	e	■	b	■	j
p	e	r	a	s	■	e	s	o
a	■	■	■	p	■	j	■	s
■	g	e	n	e	r	a	l	■
p	■	n	■	r	■	■	■	n
e	s	e	■	a	g	u	j	a
r	■	r	■	r	■	v	■	v
o	l	o	r	■	s	a	l	e

No. 3

a	l	g	o	■	p	a	s	a
q	■	r	■	f	■	ñ	■	l
u	ñ	a	■	a	h	o	r	a
í	■	v	■	v	a	■	■	s
■	d	e	m	o	n	i	o	■
a	■	■	i	r	■	g	■	m
v	a	l	l	e	■	u	n	o
e	■	e	■	s	■	a	■	n
r	a	y	o	■	e	l	l	o

No. 4

l	e	e	r	■	l	a	g	o
i	■	l	■	e	■	ú	■	l
m	a	l	■	m	e	n	t	e
a	■	o	■	p	■	■	■	r
■	a	s	p	e	c	t	o	■
m	■	■	■	z	■	r	■	o
a	y	u	d	a	■	a	h	í
s	■	s	■	r	■	j	■	d
a	m	o	r	■	d	e	d	o

No. 5

v	a	c	a	■	p	a	í	s
a	■	o	■	t	■	b	■	i
s	a	n	t	o	■	a	u	n
o	■	■	■	m	■	j	■	o
■	c	a	z	a	d	o	r	■
i	■	b	■	t	■	■	■	a
s	u	r	■	e	s	t	o	y
l	■	i	■	s	■	a	■	e
a	i	r	e	■	f	l	o	r

No. 6

t	o	n	o	■	o	s	o	s
o	■	u	■	a	■	e	■	u
d	a	n	■	f	e	r	r	y
o	■	c	■	e	■	■	■	o
■	c	a	s	c	a	d	a	■
t	■	■	■	t	■	e	■	o
r	e	s	t	o	■	s	o	n
e	■	e	■	s	■	e	■	c
n	a	d	a	■	b	o	t	e

Solutions

No. 7

m	u	r	o	s	■	d	o	s
á	■	e	■	u	■	e	■	u
s	o	l	a	m	e	n	t	e
■	■	á	■	a	■	t	■	l
t	e	m	a	■	t	i	p	o
o	■	p	■	h	■	s	■	■
c	h	a	q	u	e	t	a	s
a	■	g	■	i	■	a	■	u
r	í	o	■	r	o	s	a	s

No. 8

b	a	j	o	■	t	i	r	o
a	■	u	■	a	■	r	■	s
t	a	n	■	l	l	a	v	e
a	■	i	■	m	■	■	■	a
■	s	o	l	e	a	d	o	■
c	■	■	n	■	e	■	a
r	a	d	i	o	■	s	a	l
e	■	a	■	s	■	d	■	m
o	t	r	o	■	d	e	j	a

No. 9

p	i	e	s	■	s	o	i	s
e	■	n	■	a	■	r	■	e
n	e	c	e	s	i	d	a	d
a	■	u	■	o	■	e	■	a
■	h	e	r	m	a	n	o	■
h	■	n	■	b	■	a	■	o
a	u	t	o	r	i	d	a	d
c	■	r	■	o	■	o	■	i
e	d	a	d	■	f	r	í	o

No. 10

t	í	o	■	v	u	e	l	o
i	■	s	■	a	■	n	■	í
r	e	c	o	n	o	c	e	r
a	■	u	■	o	■	u	■	■
r	a	r	o	■	v	e	l	a
■	■	i	■	c	■	n	■	p
p	a	d	r	a	s	t	r	o
a	■	a	■	e	■	r	■	y
n	a	d	a	r	■	o	r	o

No. 11

n	a	t	a	■	m	o	d	o
o	■	í	■	p	■	r	■	l
t	r	a	t	o	■	d	í	a
a	■	■	s	■	e	■	s
■	a	n	c	i	a	n	a	■
a	■	o	■	b	■	■	c
p	a	r	■	l	l	a	m	a
i	■	t	■	e	■	m	■	m
e	r	e	s	■	h	o	j	a

No. 12

a	u	l	a	■	r	o	t	o
l	■	o	■	c	■	v	■	l
l	i	s	t	a	■	e	s	o
í	■	■	d	■	j	■	r
■	a	n	t	e	n	a	s	■
p	■	u	■	r	■	■	e
e	s	e	■	a	l	m	a	s
l	■	v	■	s	■	í	■	t
o	j	o	s	■	b	o	c	a

Solutions

No. 13

m	i	e	l	■	p	a	r	a
a	■	s	■	n	■	b	■	l
l	i	c	u	a	d	o	r	a
o	■	a	■	t	■	f	■	s
■	a	l	g	u	i	e	n	■
a	■	e	■	r	■	t	■	p
v	e	r	d	a	d	e	r	o
e	■	a	■	l	■	a	■	n
r	i	s	a	■	a	r	t	e

No. 14

a	l	t	o	■	h	u	m	o
q	■	r	■	o	■	ñ	■	l
u	v	a	■	c	l	a	s	e
í	■	j	■	é	■	■	■	r
■	s	e	m	a	n	a	s	■
a	■	■	■	n	■	c	■	o
m	i	s	m	o	■	a	s	í
o	■	i	■	s	■	s	■	d
r	a	n	a	■	r	o	j	o

No. 15

p	e	r	o	■	u	s	o	s
a	■	a	■	c	■	u	■	a
v	e	z	■	a	b	r	i	l
o	■	a	■	b	■	■	■	e
■	e	s	p	a	l	d	a	■
c	■	■	l	■	e	■	■	a
a	q	u	e	l	■	m	a	l
j	■	n	■	o	■	á	■	g
a	ñ	o	s	■	e	s	t	o

No. 16

t	o	n	o	■	i	s	l	a
r	■	e	■	i	■	e	■	i
e	n	c	o	n	t	r	a	r
s	■	e	■	f	■	p	■	e
■	e	s	p	e	c	i	e	■
o	■	a	■	l	■	e	■	j
c	o	r	r	i	e	n	t	e
h	■	i	■	z	■	t	■	f
o	s	o	s	■	d	e	b	e

No. 17

d	o	s	■	h	a	c	e	r
é	■	i	■	a	■	u	■	í
b	o	l	í	g	r	a	f	o
i	■	e	■	o	■	d	■	■
l	u	n	a	■	l	e	e	r
■	■	c	■	s	■	r	■	o
p	r	i	s	i	o	n	e	s
o	■	o	■	n	■	o	■	a
r	e	s	t	o	■	s	u	s

No. 18

b	e	b	é	■	v	i	n	o
e	■	o	■	a	■	r	■	s
s	a	l	■	l	l	a	v	e
o	■	s	■	c	■	■	■	a
■	t	o	m	a	t	e	s	■
n	■	■	■	l	■	n	■	o
u	s	t	e	d	■	d	a	n
b	■	a	■	e	■	o	■	c
e	l	l	a	■	e	s	t	e

Solutions

No. 19

t	i	p	o	■	c	u	r	a
e	■	e	■	a	■	n	■	y
m	á	s	■	v	i	a	j	e
a	■	a	■	i	■	■	■	r
■	á	r	b	o	l	e	s	■
a	■	■	■	n	■	s	■	a
c	i	s	n	e	■	t	a	n
t	■	e	■	s	■	a	■	t
o	t	r	o	■	c	r	e	e

No. 20

p	u	r	o	■	p	a	í	s
e	■	e	■	e	■	r	■	u
r	a	y	o	s	■	m	u	y
a	■	■	q	■	a	■	o
■	i	m	p	u	l	s	o	■
n	■	a	■	i	■	■	■	a
a	u	n	■	n	i	v	e	l
v	■	t	■	a	■	e	■	m
e	d	a	d	■	b	o	d	a

No. 21

c	e	n	a	■	c	o	c	o
o	■	e	■	h	■	s	■	l
p	a	c	i	e	n	c	i	a
a	■	e	■	r	■	u	■	s
■	a	s	o	m	b	r	o	■
s	■	i	■	a	■	i	■	c
o	r	d	e	n	a	d	o	r
i	■	a	■	o	■	a	■	e
s	e	d	a	■	o	d	i	o

No. 22

m	a	r	■	h	u	e	v	o
e	■	e	■	o	■	n	■	r
d	e	s	p	r	e	c	i	o
i	■	p	■	a	■	u	■	■
o	l	o	r	■	v	e	l	a
■	■	n	■	h	■	n	■	p
p	a	d	r	a	s	t	r	o
a	■	e	■	c	■	r	■	y
n	o	r	t	e	■	a	m	o

No. 23

l	o	c	o	■	s	a	b	e
i	■	o	■	c	■	b	■	r
m	e	n	t	e	■	e	s	e
a	■	■	r	■	j	■	s
■	a	n	t	e	n	a	s	■
e	■	u	■	b	■	■	■	d
s	o	n	■	r	a	d	i	o
t	■	c	■	o	■	a	■	c
a	l	a	s	■	a	r	t	e

No. 24

d	í	a	■	e	s	t	á	n
u	■	m	■	s	■	e	■	o
c	r	i	a	t	u	r	a	s
h	■	s	■	á	■	m	■
a	l	t	o	■	v	i	d	a
■	■	a	■	s	■	n	■	b
m	a	d	r	u	g	a	d	a
i	■	e	■	m	■	d	■	j
l	i	s	t	a	■	o	j	o

Solutions

No. 25

p	a	l	a	■	c	a	s	a
a	■	a	■	a	■	ú	■	v
v	e	r	■	g	e	n	t	e
o	■	g	■	a	■	■	■	r
■	s	o	n	r	i	s	a	■
v	■	■	r	■	i	■	■	c
a	g	u	j	a	■	e	s	o
n	■	n	■	r	■	t	■	s
o	j	o	s	■	d	e	j	a

No. 26

p	a	s	a	■	a	p	i	e
o	■	u	■	c	■	u	■	r
c	e	r	d	o	■	e	r	a
o	■	■	■	n	■	d	■	n
■	t	a	z	o	n	e	s	■
h	■	c	■	z	■	■	■	t
i	b	a	■	c	o	m	e	r
j	■	s	■	o	■	e	■	e
a	ñ	o	s	■	o	s	o	s

No. 27

l	a	s	■	s	i	t	i	o
l	■	a	■	i	■	o	■	í
e	n	c	o	n	t	r	a	r
g	■	e	■	o	■	m	■	■
a	i	r	e	■	l	e	e	r
■	■	d	■	c	■	n	■	o
p	r	o	y	e	c	t	o	s
i	■	t	■	r	■	a	■	a
e	n	e	r	o	■	s	u	s

No. 28

r	a	z	a	■	t	i	z	a
i	■	o	■	a	■	r	■	m
s	i	n	■	c	l	a	r	o
a	■	a	■	u	■	■	■	r
■	e	s	p	e	c	i	a	■
n	■	■	r	■	g	■	■	h
u	s	t	e	d	■	u	v	a
b	■	a	■	o	■	a	■	g
e	l	l	a	■	a	l	g	o

No. 29

v	i	v	e	■	i	b	a	n
i	■	a	■	e	■	a	■	a
v	i	n	o	s	■	s	e	d
o	■	■	t	■	t	■	■	a
■	o	l	v	i	d	a	r	■
o	■	l	■	l	■	■	■	e
t	í	a	■	o	t	r	o	s
r	■	v	■	s	■	í	■	t
o	s	e	a	■	b	o	t	e

No. 30

v	o	z	■	g	a	f	a	s
a	■	a	■	r	■	r	■	e
c	o	n	t	i	n	u	a	r
í	■	a	■	s	■	t	■	■
o	c	h	o	■	b	o	c	a
■	■	o	■	s	■	s	■	h
v	e	r	d	a	d	e	r	o
a	■	i	■	l	■	c	■	r
s	u	a	v	e	■	o	í	a

No. 31

d	u	r	o	█	s	e	c	o
e	█	e	█	c	█	n	█	l
d	i	s	t	a	n	c	i	a
o	█	p	█	d	█	u	█	s
█	m	u	j	e	r	e	s	█
d	█	e	█	n	█	n	█	u
i	n	s	t	a	n	t	e	s
c	█	t	█	s	█	r	█	o
e	d	a	d	█	s	o	i	s

No. 32

c	a	r	a	█	t	e	m	a
o	█	e	█	g	█	s	█	l
m	a	y	o	r	█	m	a	l
o	█	█	a	█	á	█	█	í
█	p	r	e	c	i	s	o	█
e	█	e	█	i	█	█	█	c
l	o	s	█	a	u	t	o	r
l	█	t	█	s	█	a	█	e
o	l	o	r	█	o	n	c	e

No. 33

m	i	n	a	█	p	a	r	a
i	█	e	█	h	█	u	█	l
e	n	c	u	e	n	t	r	a
l	█	e	█	r	█	o	█	s
█	a	s	o	m	b	r	o	█
m	█	i	█	a	█	i	█	c
o	r	d	e	n	a	d	o	r
d	█	a	█	o	█	a	█	e
o	í	d	o	█	o	d	i	o

No. 34

d	a	b	a	█	h	a	c	e
u	█	a	█	a	█	u	█	r
d	a	n	█	d	ó	n	d	e
a	█	c	█	e	█	█	█	s
█	j	o	r	n	a	d	a	█
a	█	█	t	█	e	█	a	
c	r	e	e	r	█	c	o	n
t	█	s	█	o	█	í	█	t
o	l	e	r	█	s	a	b	e

No. 35

h	a	b	a	█	t	a	z	a
u	█	o	█	e	█	ú	█	v
m	i	l	█	m	e	n	t	e
o	█	s	█	p	█	█	█	r
█	s	o	l	e	a	d	o	█
m	█	█	█	z	█	u	█	a
a	r	e	n	a	█	l	e	y
l	█	s	█	r	█	c	█	e
o	j	o	s	█	r	e	í	r

No. 36

t	i	r	a	r	█	p	a	n
í	█	e	█	a	█	a	█	a
o	s	c	u	r	i	d	a	d
█	█	u	█	o	█	r	█	i
c	a	e	r	█	n	a	v	e
o	█	r	█	v	█	s	█	█
m	a	d	r	a	s	t	r	a
ú	█	o	█	c	█	r	█	m
n	o	s	█	a	p	o	y	o

Solutions

No. 37

b	a	t	a	■	m	a	y	o
e	■	e	■	a	■	ñ	■	s
s	o	n	■	g	l	o	b	o
o	■	g	■	a	■	■	■	s
■	s	o	n	r	i	s	a	■
a	■	■	r	■	u	■	t
p	o	d	í	a	■	d	a	r
i	■	í	■	r	■	o	■	a
e	r	a	n	■	t	r	e	s

No. 38

m	a	n	t	a	■	p	i	e
á	■	e	■	i	■	r	■	n
s	a	c	e	r	d	o	t	e
■	■	e	■	e	■	y	■	r
p	a	s	o	■	d	e	b	o
a	■	a	■	l	■	c	■	■
t	o	r	m	e	n	t	a	s
i	■	i	■	e	■	o	■	u
o	r	o	■	r	o	s	a	s

No. 39

s	o	l	o	■	u	v	a	s
o	■	a	■	o	■	e	■	i
p	o	r	■	t	a	z	ó	n
a	■	g	■	r	■	■	■	o
■	h	o	g	a	r	e	s	■
s	■	■	v	■	l	■	i
e	n	t	r	e	■	l	a	s
d	■	a	■	z	■	o	■	l
a	u	l	a	■	e	s	t	a

No. 40

v	a	n	o	■	h	u	i	r
a	■	u	■	o	■	ñ	■	í
s	i	n	■	c	l	a	r	o
o	■	c	■	é	■	■	■	s
■	p	a	l	a	b	r	a	■
a	■	■	n	■	u	■	c
m	i	s	m	o	■	e	r	a
o	■	o	■	s	■	d	■	í
r	a	y	o	■	c	a	p	a

No. 41

c	a	f	é	■	t	i	r	o
o	■	o	■	e	■	r	■	s
p	a	r	■	s	u	a	v	e
a	■	m	■	c	■	■	■	a
■	n	a	t	u	r	a	l	■
c	■	■	e	■	g	■	b
a	q	u	e	l	■	u	n	o
s	■	n	■	a	■	j	■	d
i	b	a	n	■	p	a	l	a

No. 42

c	u	r	a	■	v	i	v	o
a	■	e	■	a	■	b	■	l
s	o	l	■	l	l	a	m	a
a	■	o	■	u	■	■	■	s
■	e	j	e	m	p	l	o	■
o	■	■	n	■	a	■	e
c	a	m	p	o	■	m	e	s
h	■	a	■	s	■	e	■	t
o	t	r	o	■	a	r	t	e

Solutions

No. 43

r	i	s	a	■	g	r	i	s
a	■	u	■	d	■	a	■	u
n	o	r	t	e	■	d	o	y
a	■	■	■	l	■	i	■	o
■	c	a	z	a	d	o	r	
s	■	b	■	n	■	■	■	f
o	í	r	■	t	o	s	e	r
i	■	i	■	e	■	a	■	í
s	a	l	e	■	a	l	t	o

No. 44

p	e	n	a	■	p	a	r	a
i	■	e	■	h	■	u	■	l
e	n	c	u	e	n	t	r	a
l	■	e	■	r	■	o	■	s
■	a	s	o	m	b	r	o	■
r	■	i	■	a	■	i	■	c
o	r	d	e	n	a	d	o	r
t	■	a	■	o	■	a	■	e
o	í	d	o	■	o	d	i	o

No. 45

d	o	s	■	h	e	c	h	o
é	■	o	■	a	■	h	■	j
b	o	l	í	g	r	a	f	o
i	■	a	■	o	■	q	■	■
l	i	m	a	■	l	u	n	a
■	■	e	■	a	■	e	■	b
c	o	n	d	u	c	t	o	r
o	■	t	■	t	■	a	■	i
n	u	e	v	o	■	s	e	r

No. 46

o	j	o	s	■	h	a	b	a
l	■	v	■	e	■	ú	■	y
e	s	e	■	m	e	n	t	e
r	■	j	■	p	■	■	■	r
■	c	a	r	r	e	t	a	■
d	■	■	■	e	■	u	■	a
e	s	m	á	s	■	m	a	l
b	■	i	■	a	■	b	■	m
e	l	l	a	■	f	a	m	a

No. 47

p	i	e	s	■	d	o	c	e
a	■	n	■	a	■	í	■	r
s	e	d	■	c	l	a	s	e
a	■	o	■	u	■	■	■	s
■	e	s	p	e	c	i	a	■
z	■	■	■	r	■	g	■	t
u	s	t	e	d	■	u	s	o
m	■	í	■	o	■	a	■	n
o	l	o	r	■	a	l	g	o

No. 48

m	i	e	l	■	h	a	c	e
a	■	n	■	c	■	b	■	d
l	i	c	u	a	d	o	r	a
o	■	o	■	d	■	f	■	d
■	á	n	g	e	l	e	s	■
a	■	t	■	n	■	t	■	h
v	e	r	d	a	d	e	r	o
e	■	a	■	s	■	a	■	j
r	a	r	o	■	a	r	m	a

Solutions

No. 49

c	a	r	a	■	v	a	c	a
a	■	e	■	p	■	l	■	i
d	e	s	c	u	b	r	i	r
a	■	p	■	e	■	e	■	e
■	q	u	e	r	i	d	o	■
c	■	e	■	t	■	e	■	t
r	e	s	p	o	n	d	e	r
e	■	t	■	s	■	o	■	a
e	r	a	n	■	t	r	e	s

No. 50

d	a	b	a	■	l	a	g	o
e	■	a	■	a	■	u	■	s
d	a	n	■	g	e	n	i	o
o	■	c	■	a	■	■	■	s
■	s	o	n	r	i	s	a	■
n	■	■	r	■	a	■	■	e
a	r	e	n	a	■	l	o	s
t	■	s	■	r	■	t	■	t
a	ñ	o	s	■	z	o	n	a

No. 51

m	i	r	a	■	t	e	m	a
u	■	e	■	a	■	n	■	u
r	a	y	o	s	■	t	a	l
o	■	■	e	■	r	■	■	a
■	p	r	e	s	i	ó	n	■
f	■	e	■	i	■	■	■	l
l	a	s	■	n	o	v	i	a
o	■	t	■	o	■	e	■	d
r	í	o	s	■	r	o	j	o

No. 52

j	u	e	z	■	c	u	a	l
e	■	n	■	e	■	v	■	e
f	u	e	■	s	u	a	v	e
e	■	r	■	t	■	■	■	r
■	b	o	c	i	n	a	s	■
a	■	■	■	l	■	b	■	c
m	i	s	m	o	■	e	r	a
o	■	u	■	s	■	j	■	s
r	o	s	a	■	r	a	t	o

No. 53

d	í	a	s	■	v	i	n	o
u	■	h	■	p	■	r	■	l
d	i	o	■	a	c	a	b	a
a	■	r	■	t	■	■	■	s
■	n	a	d	a	m	á	s	■
c	■	■	■	t	■	n	■	n
a	g	u	j	a	■	i	b	a
s	■	ñ	■	s	■	m	■	v
i	b	a	n	■	p	o	n	e

No. 54

c	o	c	o	■	s	o	i	s
o	■	e	■	i	■	í	■	a
p	o	r	■	m	o	r	a	l
a	■	o	■	p	■	■	■	e
■	e	s	q	u	i	n	a	■
m	■	■	■	l	■	u	■	o
o	í	d	o	s	■	n	o	s
d	■	a	■	o	■	c	■	e
o	t	r	o	■	t	a	z	a

Solutions

No. 55

s	o	p	a	■	s	o	l	o
u	■	r	s	■	r	■	í	
p	r	o	p	i	e	d	a	d
o	■	y	■	e	■	e	■	o
■	h	e	r	m	a	n	o	■
c	■	c	■	p	■	a	■	o
a	u	t	o	r	i	d	a	d
e	■	o	■	e	■	o	■	i
r	i	s	a	■	c	r	e	o

No. 56

p	e	z	■	c	a	f	é	s
e	■	a	■	r	■	o	■	e
c	o	n	d	u	c	t	o	r
h	■	a	■	z	■	ó	■	■
o	c	h	o	■	a	g	u	a
■	■	o	■	m	■	r	■	p
t	e	r	m	i	n	a	d	o
í	■	i	■	r	■	f	■	y
a	c	a	b	ó	■	o	r	o

No. 57

b	o	c	a	■	h	a	g	o
e	■	u	■	a	■	ú	■	l
s	u	r	■	d	o	n	d	e
o	■	s	■	e	■	■	■	r
■	j	o	r	n	a	d	a	■
a	■	■	■	t	■	a	■	o
p	e	s	a	r	■	t	a	n
i	■	a	■	o	■	o	■	c
e	l	l	o	■	e	s	t	e

No. 58

p	e	s	o	■	v	e	l	a
a	■	u	■	o	■	s	■	l
s	e	d	■	c	u	e	v	a
ó	■	o	■	t	■	■	■	s
■	t	r	i	u	n	f	o	■
a	■	■	■	b	■	r	■	p
c	o	m	e	r	■	u	n	a
t	■	í	■	e	■	t	■	t
o	l	o	r	■	d	a	ñ	o

No. 59

r	a	r	o	■	p	a	v	o
a	■	e	■	u	■	g	■	j
n	e	c	e	s	a	r	i	o
a	■	o	■	t	■	a	■	s
■	e	n	v	e	z	d	e	■
e	■	o	■	d	■	a	■	m
d	i	c	i	e	m	b	r	e
a	■	e	■	s	■	l	■	s
d	u	r	o	■	c	e	n	a

No. 60

s	o	f	á	■	u	s	o	s
u	■	i	■	t	■	a	■	u
m	e	n	o	r	■	l	e	y
a	■	■	■	a	■	s	■	o
■	c	a	m	b	i	a	r	■
d	■	r	■	a	■	■	■	a
o	í	a	■	j	o	v	e	n
c	■	ñ	■	o	■	i	■	t
e	r	a	n	■	b	o	t	e

Solutions

No. 61

t	r	e	n	■	m	a	n	o
o	■	l	■	e	■	u	■	s
m	a	l	■	j	u	n	i	o
ó	■	o	■	e	■	■	■	s
■	a	s	o	m	b	r	o	■
b	■	■	■	p	■	a	■	i
a	q	u	e	l	■	m	e	s
t	■	n	■	o	■	a	■	l
a	ñ	o	s	■	e	s	t	a

No. 62

f	u	i	■	f	á	c	i	l
a	■	n	■	a	■	o	■	o
l	a	v	a	m	a	n	o	s
d	■	i	■	a	■	f	■	■
a	v	e	r	■	b	i	e	n
■	■	r	■	d	■	a	■	u
p	e	n	d	i	e	n	t	e
a	■	o	■	g	■	z	■	v
r	e	s	t	o	■	a	m	o

No. 63

h	u	b	o	■	u	v	a	s
a	■	a	■	c	■	o	■	i
c	o	n	■	r	a	z	ó	n
e	■	c	■	i	■	■	■	o
■	c	o	n	s	i	g	o	■
d	■	■	t	■	u	■	a	
a	r	e	n	a	■	s	o	l
b	■	s	■	l	■	t	■	m
a	m	o	r	■	n	o	t	a

No. 64

p	e	r	a	■	t	u	v	e
e	■	e	■	e	■	s	■	l
r	a	y	o	s	■	t	a	l
o	■	■	c	■	e	■	a	
■	f	a	v	o	r	d	e	■
r	■	h	■	b	■	■	■	l
o	j	o	■	a	g	u	j	a
t	■	r	■	s	■	ñ	■	d
o	l	a	s	■	b	a	ñ	o

No. 65

m	i	n	a	■	c	a	m	a
a	■	o	■	c	■	r	■	u
l	i	s	t	a	■	m	i	l
o	■	■	s	■	a	■	a	
■	p	r	e	c	i	s	o	■
f	■	a	■	a	■	■	■	o
l	u	z	■	d	u	d	a	s
o	■	a	■	a	■	í	■	e
r	o	s	a	■	c	a	í	a

No. 66

l	l	e	v	a	■	p	o	r
a	■	n	■	i	■	r	■	u
s	a	c	e	r	d	o	t	e
■	■	u	■	e	■	p	■	d
c	i	e	n	■	n	i	ñ	a
l	■	n	■	f	■	e	■	
a	u	t	o	r	i	d	a	d
s	■	r	■	í	■	a	■	o
e	r	a	■	o	í	d	o	s

Solutions

No. 67

p	e	z	█	v	e	c	e	s
a	█	a	█	i	█	a	█	u
t	e	n	e	d	o	r	e	s
i	█	a	█	a	█	n	█	█
o	c	h	o	█	t	i	z	a
█	█	o	█	n	█	c	█	p
v	e	r	d	a	d	e	r	o
a	█	i	█	v	█	r	█	y
s	u	a	v	e	█	o	r	o

No. 68

m	i	e	l	█	s	o	i	s
a	█	l	█	e	█	í	█	a
s	a	l	█	m	o	r	a	l
a	█	a	█	p	█	█	█	e
█	a	s	p	e	c	t	o	█
o	█	█	█	z	█	a	█	p
l	l	a	m	a	█	r	í	o
e	█	h	█	r	█	d	█	n
r	e	í	r	█	j	e	f	e

No. 69

h	u	i	r	█	n	a	d	a
i	█	r	█	t	█	y	█	l
c	l	a	r	o	█	u	n	a
e	█	█	█	m	█	d	█	s
█	e	s	c	a	p	a	r	█
e	█	e	█	t	█	█	█	b
s	e	r	█	e	n	e	r	o
t	█	i	█	s	█	s	█	t
o	l	o	r	█	s	e	d	a

No. 70

p	i	s	o	█	r	a	n	a
u	█	a	█	a	█	ú	█	y
d	a	n	█	d	o	n	d	e
e	█	t	█	e	█	█	█	r
█	j	o	r	n	a	d	a	█
d	█	█	█	t	█	e	█	c
e	s	t	a	r	█	d	a	r
d	█	í	█	o	█	o	█	e
o	j	o	s	█	e	s	t	e

No. 71

c	u	r	a	█	r	a	r	o
o	█	e	█	c	█	l	█	t
d	e	s	c	u	b	r	i	r
o	█	p	█	e	█	e	█	o
█	q	u	e	r	i	d	o	█
a	█	e	█	p	█	e	█	t
r	e	s	p	o	n	d	e	r
t	█	t	█	s	█	o	█	e
e	r	a	n	█	e	r	e	s

No. 72

t	e	m	a	█	h	i	z	o
o	█	a	█	a	█	g	█	s
m	i	l	e	s	█	u	n	o
ó	█	█	█	i	█	a	█	s
█	a	q	u	e	l	l	a	█
a	█	u	█	n	█	█	█	c
p	i	e	█	t	u	m	b	a
i	█	d	█	o	█	a	█	z
e	d	a	d	█	c	r	e	o

Solutions

No. 73

b	a	t	a	■	c	a	p	a
o	■	r	o	■	u	■	ñ	
t	í	a	■	t	e	n	g	o
e	■	j	r	■	■	s		
■	d	e	j	a	r	o	n	■
a	■	■	v	■	d	■	p	
c	i	s	n	e	■	i	b	a
t	■	e	■	z	o	■	í	
o	í	d	o	■	u	s	o	s

No. 74

c	o	s	a	■	b	o	c	a
o	■	u	■	p	■	v	■	m
p	a	r	t	e	■	e	s	o
a	■	■	s	■	j	■	r	
■	g	r	a	c	i	a	s	■
u	■	a	■	a	■	■	h	
v	o	z	■	d	u	c	h	a
a	■	ó	■	o	■	o	■	c
s	i	n	o	■	o	n	c	e

No. 75

m	i	r	ó	■	m	o	d	o
i	■	a	■	c	■	í	■	l
r	e	y	■	a	c	a	b	a
a	■	o	■	s	■	■	s	
■	e	s	p	a	d	a	s	■
s	■	■	r	■	l	■	h	
e	s	t	á	s	■	m	í	o
i	■	a	■	e	■	a	■	r
s	o	l	o	■	i	s	l	a

No. 76

t	i	p	o	■	c	a	j	a
o	■	a	■	m	■	r	■	u
n	o	r	t	e	■	m	i	l
o	■	■	r	■	a	■	a	
■	p	r	e	c	i	s	o	■
f	■	o	■	a	■	■	p	
l	o	s	■	d	e	s	d	e
o	■	a	■	o	■	o	■	l
r	i	s	a	■	e	l	l	o

No. 77

d	e	c	i	r	■	s	o	n
o	■	o	■	o	■	e	■	u
s	e	m	e	j	a	n	t	e
■	■	p	■	o	■	s	■	v
m	u	r	o	■	m	a	l	o
u	■	e	■	p	■	c	■	■
c	o	n	d	i	c	i	ó	n
h	■	d	■	e	■	ó	■	o
o	j	o	■	l	u	n	e	s

No. 78

p	a	z	■	t	e	c	l	a
e	■	a	■	i	■	a	■	m
c	o	n	t	r	a	r	i	o
h	■	a	■	o	■	n	■	■
o	c	h	o	■	v	i	d	a
■	■	o	■	n	■	c	■	p
v	e	r	d	a	d	e	r	o
a	■	i	■	v	■	r	■	y
s	u	a	v	e	■	o	r	o

Solutions

No. 79

```
d í a s ■ s o i s
i ■ h ■ b ■ í ■ a
r í o ■ a b r i l
é ■ r ■ l ■ ■ ■ e
■ g a l l e t a ■
c ■ ■ e ■ i ■ ■ d
r a t ó n ■ e r a
u ■ a ■ a ■ n ■ b
z o n a ■ d e j a
```

No. 80

```
h i j a ■ p e n a
u ■ u ■ a ■ s ■ v
m e s ■ v i e n e
o ■ t ■ i ■ ■ ■ r
■ r o t o n d a ■
o ■ ■ n ■ e ■ a
l l a v e ■ s i n
o ■ h ■ s ■ e ■ t
r e í r ■ p o n e
```

No. 81

```
a l a s ■ t u v o
q ■ b ■ a ■ ñ ■ j
u n a ■ g r a d o
í ■ j ■ a ■ ■ ■ s
■ s o n r i s a ■
o ■ ■ r ■ a ■ a
l l a m a ■ l e y
e ■ ú ■ r ■ s ■ e
r a n a ■ c a e r
```

No. 82

```
p u r o ■ r a t o
u ■ e ■ á ■ l ■ t
e n c o n t r a r
s ■ o ■ g ■ e ■ o
■ e n v e z d e ■
t ■ o ■ l ■ e ■ e
r e c u e r d o s
a ■ e ■ s ■ o ■ t
s e r á ■ c r e e
```

No. 83

```
p a v o ■ b o t a
o ■ e ■ c ■ r ■ i
c e r d o ■ d a r
o ■ ■ ■ s ■ e ■ e
■ f o r t u n a ■
a ■ r ■ a ■ ■ ■ c
p i e ■ d u l c e
i ■ j ■ o ■ a ■ n
e r a n ■ o s e a
```

No. 84

```
m a r ■ h a b l a
a ■ e ■ a ■ o ■ ñ
r a s t r i l l o
z ■ p ■ é ■ í ■ ■
o s o s ■ a g u a
■ ■ n ■ d ■ r ■ c
m a d r u g a d a
a ■ e ■ r ■ f ■ b
l a r g o ■ o y ó
```

Solutions

No. 85

a	l	m	a	■	h	a	c	e
r	■	e	■	e	■	u	■	d
m	á	s	■	m	a	n	t	a
a	■	e	■	p	■	■	■	d
■	e	s	p	e	c	i	a	■
c	■	■	■	z	■	d	■	b
a	y	u	d	a	■	e	s	o
s	■	v	■	r	■	a	■	d
i	b	a	n	■	e	s	t	a

No. 86

l	a	g	o	■	b	o	t	e
a	■	l	■	o	■	í	■	r
d	i	o	■	t	r	a	j	e
o	■	b	■	r	■	■	■	s
■	t	o	m	a	t	e	s	■
a	■	■	■	v	■	n	■	r
c	i	s	n	e	■	t	í	a
t	■	e	■	z	■	r	■	z
o	í	d	o	■	m	e	s	a

No. 87

p	i	s	o	■	n	i	ñ	a
a	■	e	■	a	■	b	■	m
s	u	r	■	c	l	a	v	o
ó	■	á	■	u	■	■	■	r
■	i	n	t	e	r	é	s	■
n	■	■	■	r	■	s	■	t
u	s	t	e	d	■	t	í	o
b	■	a	■	o	■	o	■	d
e	l	l	a	■	e	s	t	o

No. 88

p	u	s	e	■	j	e	f	e
e	■	o	■	e	■	s	■	l
r	e	y	e	s	■	m	i	l
o	■	■	■	p	■	á	■	o
■	i	n	m	e	n	s	o	■
o	■	u	■	r	■	■	■	h
d	a	n	■	a	m	i	g	a
i	■	c	■	r	■	r	■	g
o	l	a	s	■	v	a	s	o

No. 89

p	a	r	■	c	a	p	a	s
a	■	e	■	i	■	a	■	e
p	l	a	n	e	a	d	o	r
e	■	l	■	n	■	r	■	■
l	i	m	a	■	p	a	í	s
■	■	e	■	m	■	s	■	e
c	o	n	d	u	c	t	o	r
o	■	t	■	r	■	r	■	i
n	u	e	v	o	■	o	j	o

No. 90

p	e	z	■	v	a	c	a	s
a	■	a	■	i	■	a	■	u
t	e	n	e	d	o	r	e	s
i	■	a	■	a	■	n	■	■
o	c	h	o	■	m	i	r	a
■	■	o	■	n	■	c	■	p
v	e	r	d	a	d	e	r	o
a	■	i	■	v	■	r	■	y
s	u	a	v	e	■	o	r	o

Solutions

No. 91

p	e	l	o	■	s	o	i	s
u	■	í	■	s	■	í	■	o
s	o	n	■	a	b	r	i	l
o	■	e	■	b	■	■	■	o
■	p	a	p	e	l	e	s	■
g	■	■	■	m	■	n	■	d
r	e	s	t	o	■	d	í	a
i	■	o	■	s	■	o	■	b
s	a	l	e	■	i	s	l	a

No. 92

a	l	g	o	■	m	a	y	o
l	■	a	■	s	■	b	■	l
t	e	r	m	i	n	a	d	o
o	■	g	■	s	■	n	■	r
■	p	a	r	t	i	d	o	■
a	■	n	■	e	■	o	■	u
v	i	t	a	m	i	n	a	s
e	■	a	■	a	■	a	■	o
r	i	s	a	■	t	r	e	s

No. 93

m	a	l	o	■	o	l	e	r
i	■	u	■	i	■	l	■	e
r	a	z	ó	n	■	a	h	í
ó	■	■	■	t	■	m	■	r
■	s	o	l	e	d	a	d	■
v	■	v	■	n	■	■	■	s
e	s	e	■	t	a	r	t	a
l	■	j	■	o	■	í	■	b
a	l	a	s	■	d	o	c	e

No. 94

v	e	s	■	p	a	s	t	a
a	■	o	■	u	■	e	■	m
c	o	m	p	r	e	n	d	o
í	■	b	■	o	■	s	■	■
o	t	r	o	■	c	a	e	r
■	■	e	■	m	■	c	■	o
s	e	r	v	i	c	i	o	s
a	■	o	■	n	■	ó	■	a
l	i	s	t	a	■	n	o	s

No. 95

p	a	s	o	■	p	a	t	o
a	■	a	■	o	■	ú	■	j
v	a	n	■	b	a	n	c	o
o	■	t	■	j	■	■	■	s
■	m	o	m	e	n	t	o	■
a	■	■	■	t	■	o	■	o
p	u	e	d	o	■	s	i	n
i	■	r	■	s	■	e	■	c
e	r	a	n	■	c	r	e	e

No. 96

r	a	n	a	■	t	r	a	s
a	■	e	■	e	■	e	■	e
r	e	c	o	n	o	c	e	r
o	■	e	■	v	■	u	■	á
■	u	s	t	e	d	e	s	■
c	■	a	■	z	■	r	■	a
a	l	r	e	d	e	d	o	r
z	■	i	■	e	■	o	■	t
o	s	o	s	■	e	s	t	e

Solutions

No. 97

r	o	j	o	■	c	a	s	a
o	■	u	■	c	■	u	■	i
p	i	e	■	h	o	n	o	r
a	■	g	■	i	■	■	■	e
■	t	o	a	l	l	a	s	■
c	■	■	l	■	g	■	■	n
a	r	e	n	a	■	u	v	a
í	■	s	■	r	■	j	■	d
a	ñ	o	s	■	t	a	z	a

No. 98

e	s	t	a	■	e	r	e	s
s	■	a	■	a	■	a	■	u
t	ú	n	e	l	■	d	o	y
á	■	■	■	c	■	i	■	o
■	b	a	ñ	a	d	o	r	■
p	■	c	■	n	■	■	■	a
o	í	a	■	c	a	l	o	r
n	■	b	■	e	■	o	■	m
e	d	a	d	■	o	s	e	a

No. 99

c	r	e	o	■	h	i	j	a
a	■	n	■	a	■	b	■	y
f	u	e	■	v	i	a	j	e
é	■	r	■	i	■	■	■	r
■	c	o	n	o	z	c	o	■
p	■	■	n	■	a	■	■	z
e	n	t	r	e	■	m	í	o
n	■	a	■	s	■	p	■	n
a	u	l	a	■	n	o	t	a

No. 100

s	i	n	o	■	l	o	c	o
o	■	e	■	h	■	s	■	l
p	a	c	i	e	n	c	i	a
a	■	e	■	r	■	u	■	s
■	a	s	o	m	b	r	o	■
c	■	i	■	a	■	i	■	f
o	r	d	e	n	a	d	o	r
m	■	a	■	o	■	a	■	í
o	í	d	o	■	o	d	i	o

No. 101

h	a	s	■	h	e	c	h	o
a	■	o	■	a	■	h	■	j
b	o	l	í	g	r	a	f	o
l	■	a	■	o	■	q	■	■
a	l	m	a	■	s	u	m	a
■	■	e	■	d	■	e	■	b
c	o	n	d	u	c	t	o	r
o	■	t	■	r	■	a	■	i
n	u	e	v	o	■	s	u	r

No. 102

d	e	b	o	■	d	u	d	a
e	■	o	■	c	■	n	■	m
d	a	r	■	a	p	o	y	o
o	■	d	■	r	■	■	■	r
■	v	e	s	t	i	d	o	■
c	■	■	■	e	■	a	■	t
a	u	t	o	r	■	t	í	o
s	■	í	■	a	■	o	■	n
i	b	a	n	■	e	s	t	o

Solutions

No. 103

d	o	s	■	c	o	c	o	s
i	■	e	■	u	■	h	■	o
c	o	m	p	a	s	i	ó	n
e	■	á	■	l	■	m	■	■
s	o	f	á	■	p	e	s	o
■	■	o	■	g	■	n	■	t
p	a	r	p	a	d	e	a	r
o	■	o	■	t	■	a	■	o
r	e	s	t	o	■	s	u	s

No. 104

t	r	e	n	■	r	o	t	o
o	■	l	■	e	■	í	■	l
m	a	l	■	m	a	r	z	o
a	■	o	■	p	■	■	■	r
■	a	s	p	e	c	t	o	■
a	■	■	■	z	■	r	■	d
v	i	s	t	a	■	a	s	í
e	■	o	■	r	■	j	■	a
r	a	y	o	■	s	e	i	s

No. 105

s	o	i	s	■	v	e	l	a
e	■	n	■	p	■	s	■	l
d	i	s	t	a	n	c	i	a
a	■	t	■	l	■	a	■	s
■	c	a	b	a	l	l	o	■
l	■	n	■	b	■	e	■	t
e	s	t	i	r	a	r	s	e
e	■	e	■	a	■	a	■	m
r	i	s	a	■	i	s	l	a

No. 106

v	a	s	■	d	i	c	e	n
a	■	o	■	i	■	o	■	o
c	a	m	a	r	e	r	o	s
í	■	b	■	é	■	r	■	■
o	t	r	o	■	p	i	e	s
■	■	e	■	d	■	e	■	i
s	e	r	p	i	e	n	t	e
e	■	o	■	g	■	t	■	t
d	e	s	e	o	■	e	s	e

No. 107

p	a	s	ó	■	a	p	i	e
u	■	i	■	p	■	a	■	l
d	ó	n	d	e	■	s	a	l
e	■	■	■	s	■	t	■	a
■	o	f	i	c	i	a	l	■
c	■	r	■	a	■	■	■	c
u	n	a	■	d	i	r	í	a
y	■	s	■	o	■	í	■	d
o	l	e	r	■	c	o	s	a

No. 108

m	i	r	a	■	c	a	e	r
i	■	e	■	á	■	l	■	a
e	n	c	o	n	t	r	a	r
l	■	o	■	g	■	e	■	o
■	e	n	v	e	z	d	e	■
g	■	o	■	l	■	e	■	e
r	e	c	u	e	r	d	o	s
i	■	e	■	s	■	o	■	t
s	e	r	á	■	c	r	e	e

Solutions

No. 109

n	a	d	a	■	d	a	b	a
a	■	o	■	a	■	ú	■	l
v	a	n	■	f	i	n	a	l
e	■	d	■	e	■	■	■	í
■	m	e	r	c	a	d	o	■
a	■	■	■	t	■	e	■	u
g	u	s	t	o	■	m	e	s
u	■	e	■	s	■	á	■	o
a	i	r	e	■	o	s	o	s

No. 110

p	o	n	e	■	m	a	y	o
a	■	e	■	ó	■	b	■	s
s	a	c	e	r	d	o	t	e
a	■	e	■	d	■	f	■	a
■	u	s	t	e	d	e	s	■
o	■	a	■	n	■	t	■	p
c	a	r	r	e	t	e	r	a
h	■	i	■	s	■	a	■	í
o	j	o	s	■	e	r	e	s

No. 111

c	a	f	é	■	c	a	j	a
a	■	o	■	o	■	u	■	ñ
m	a	r	■	t	e	n	g	o
a	■	m	■	r	■	■	■	s
■	p	a	l	a	c	i	o	■
f	■	■	■	v	■	d	■	h
l	l	a	v	e	■	e	r	a
o	■	h	■	z	■	a	■	r
r	e	í	r	■	e	s	t	á

No. 112

r	a	z	a	■	d	o	c	e
o	■	o	■	f	■	í	■	r
p	a	n	■	a	c	a	b	a
a	■	a	■	r	■	■	■	n
■	e	s	c	o	b	a	s	■
h	■	■	■	l	■	r	■	r
a	y	u	d	a	■	a	m	o
c	■	v	■	s	■	ñ	■	j
e	d	a	d	■	v	a	s	o

No. 113

p	e	n	a	■	m	a	l	o
i	■	e	■	h	■	u	■	l
e	n	c	u	e	n	t	r	a
l	■	e	■	r	■	o	■	s
■	a	s	o	m	b	r	o	■
m	■	i	■	a	■	i	■	f
o	r	d	e	n	a	d	o	r
n	■	a	■	o	■	a	■	í
o	í	d	o	■	o	d	i	o

No. 114

d	e	b	e	■	c	u	r	a
e	■	a	■	c	■	ñ	■	m
d	a	n	■	a	b	a	j	o
o	■	c	■	m	■	■	■	r
■	c	o	m	p	r	a	r	■
p	■	■	■	a	■	l	■	j
e	s	t	á	n	■	f	u	e
o	■	a	■	a	■	i	■	f
r	a	n	a	■	o	n	c	e

Solutions

No. 115

t	r	a	s	■	l	i	m	a
r	■	p	a	■	b	■	y	
e	s	o	■	c	l	a	s	e
s	■	y	■	u	■	■	■	r
■	s	o	l	e	d	a	d	■
p	■	■	■	r	■	m	■	c
u	s	t	e	d	■	i	r	a
e	■	a	■	o	■	g	■	y
s	a	l	e	■	t	o	m	ó

No. 116

p	e	r	a	■	c	a	z	o
e	■	e	■	e	■	h	■	l
l	e	y	e	s	■	o	r	o
o	■	■	■	t	■	r	■	r
■	b	o	c	i	n	a	s	■
a	■	t	■	l	■	■	■	e
v	e	r	■	o	í	d	o	s
e	■	o	■	s	■	i	■	t
r	o	s	a	■	c	o	p	a

No. 117

p	o	r	■	d	e	d	o	s
e	■	e	■	i	■	e	■	u
c	u	a	d	e	r	n	o	s
e	■	l	■	z	■	t	■	■
s	u	m	a	■	v	i	d	a
■	■	e	■	n	■	s	■	b
c	o	n	d	u	c	t	o	r
o	■	t	■	b	■	a	■	i
n	u	e	v	e	■	s	u	r

No. 118

t	e	m	a	■	i	s	l	a
i	■	á	■	e	■	u	■	l
p	a	s	a	n	■	d	í	a
o	■	■	■	t	■	o	■	s
■	c	a	r	r	e	r	a	■
t	■	b	■	a	■	■	■	d
o	í	r	■	d	u	l	c	e
m	■	i	■	a	■	o	■	b
a	u	l	a	■	e	s	t	o

No. 119

t	o	c	a	r	■	m	a	l
í	■	r	■	a	■	a	■	i
a	m	i	s	t	a	d	e	s
■	■	a	■	o	■	r	■	t
r	o	t	o	■	l	u	n	a
a	■	u	■	r	■	g	■	■
t	e	r	m	i	n	a	d	o
ó	■	a	■	s	■	d	■	y
n	o	s	■	a	c	a	b	ó

No. 120

p	r	i	m	o	■	p	a	r
i	■	n	■	t	■	a	■	u
e	s	t	i	r	a	r	s	e
■	■	e	■	o	■	p	■	d
v	i	n	o	■	c	a	p	a
o	■	c	■	s	■	d	■	■
c	h	i	m	e	n	e	a	s
e	■	ó	■	i	■	a	■	i
s	o	n	■	s	e	r	á	n

Solutions

No. 121

b	o	t	a	■	o	l	e	r
o	■	a	■	e	■	a	■	í
d	a	r	■	m	u	s	l	o
a	■	d	■	p	■	■	■	s
■	r	e	m	e	d	i	o	■
o	■	■	z	■	g	■	■	b
s	i	l	l	a	■	u	s	o
o	■	e	■	r	■	a	■	c
s	u	y	o	■	e	l	l	a

No. 122

d	i	j	o	■	b	a	j	o
u	■	u	■	a	■	ú	■	s
d	o	s	■	d	ó	n	d	e
a	■	t	■	e	■	■	■	a
■	j	o	r	n	a	d	a	■
p	■	■	■	t	■	e	■	a
e	s	t	a	r	■	s	a	l
r	■	í	■	o	■	e	■	g
o	j	o	s	■	c	o	m	o

No. 123

p	a	z	■	d	u	c	h	a
e	■	a	■	u	■	o	■	ñ
c	o	n	t	r	a	r	i	o
h	■	a	■	o	■	r	■	■
o	c	h	o	■	h	i	j	o
■	■	o	■	a	■	e	■	v
s	e	r	p	i	e	n	t	e
o	■	i	■	r	■	t	■	j
l	l	a	v	e	■	e	r	a

No. 124

r	o	j	o	■	p	a	í	s
o	■	u	■	o	■	u	■	o
p	a	n	■	t	ú	n	e	l
a	■	i	■	r	■	■	■	o
■	t	o	m	a	t	e	s	■
e	■	■	■	v	■	s	■	s
s	i	e	t	e	■	m	í	o
t	■	s	■	z	■	á	■	f
e	r	e	s	■	e	s	t	á

No. 125

p	e	n	a	■	r	a	y	o
i	■	e	■	h	■	u	■	l
e	n	c	u	e	n	t	r	a
s	■	e	■	r	■	o	■	s
■	a	s	o	m	b	r	o	■
p	■	i	■	a	■	i	■	c
o	r	d	e	n	a	d	o	r
c	■	a	■	o	■	a	■	e
o	í	d	o	■	o	d	i	o